危机公关

[英]卡里·库珀　[英]肖恩·奥米拉 —— 著

张媛媛 —— 译

哈尔滨出版社
HARBIN PUBLISHING HOUSE

致 谢

肖恩·奥米拉：非常感谢波琳·约翰斯顿（Pauline Johnston）、帕特·奥米拉（Pat O'meara）、罗伯特·奥米拉（Robert O'meara）、瑞安·奥米拉（Ryan O'meara）、金·奥米拉（Kim O'meara）多年来的支持和鼓励。

同样感谢我的朋友、联合作者卡里·库珀教授，编辑克里斯托弗·库德莫尔（Christopher Cudmore）和所有在此过程中给予我帮助的科根图书出版社的朋友，感谢所有为此书提供素材和指导的人。

卡里·库珀：感谢所有提供正确案例、错误失败案例的公关专业人士。

目录

| 第一章 | 道歉也是一种危机公关 / 1

　　一、出了什么问题？ / 4
　　二、为什么写这本书？ / 7
　　三、为什么现在写这本书？ / 8

| 第二章 | 谁在道歉，为什么？ / 9

　　一、究竟谁该是道歉者？ / 10
　　二、企业如何道歉？ / 13
　　三、入门级企业道歉 / 15

| 第三章 | 企业道歉和不道歉的原因 / 21

　　一、道歉失败解析 / 23
　　二、为什么道歉？ / 26
　　三、为什么不道歉？ / 39

| 第四章 | 为什么行业不同，道歉的意义就不同 / 41

　　一、市场摩擦——为什么购物习惯会影响获得道歉的机会 / 44
　　二、市场摩擦如何影响优步的认知 / 45

| 第五章 | 明确的道歉为什么更容易被大家忽视 / 47

　　一、情人节危机 / 50
　　二、世界上第一个企业社交媒体道歉声明 / 51
　　三、纠正错误的方案 / 53
　　四、危机响应 / 54

| 第六章 | 如果每个人都道歉，那没有人是错的：我们真的道歉太多吗？ / 57

　　一、我们真的道歉太多吗？ / 60
　　二、大范围传播歉意 / 62
　　三、愤怒资本主义和"对不起"价值的暴跌 / 63

| 第七章 | 专家不说"对不起"的道歉方式 / 71

　　一、"行业术语"——处理危机的基石 / 72
　　二、处理危机可不只是道歉 / 74
　　三、擅自起飞 / 75
　　四、重新安置乘客 / 77
　　五、"超压……火灾发生之后" / 79

| 第八章 | 薛定谔式道歉、语法偏差和借口 / 83

　　一、如何辨别薛定谔式道歉 / 86
　　二、我们如何做得更好？ / 89
　　三、语法的推诿能力 / 89

目录

| 第九章 | 危机疲劳和定量道歉的案例 / 95

　　一、先发制人 / 97
　　二、悔悟的范围 / 98
　　三、定量的理由　100

| 第十章 | 与你无关：首席执行官如何破坏自己的道歉 / 105

　　一、托尼·海沃德——英国石油公司 / 107
　　二、简单点 / 109

| 第十一章 | 继续努力：为什么世界三大品牌会道歉三次 / 113

　　一、脸书 / 114
　　二、美联航 / 116
　　三、棒约翰——事不过三 / 119

| 第十二章 | "强迫道歉？"：培养弹性并确定客户意图 / 125

　　一、法庭裁定的道歉 / 129
　　二、过敏患者与索尼影业 / 130
　　三、企业如何更富弹性？ / 133

3

| 第十三章 | 我们错了：当你杀死一只小狗时该说什么 / 137

　　一、我们错了 / 138

　　二、偏离目标 / 140

　　三、回避式文化 / 143

　　四、"有时会出错" / 144

| 第十四章 | 自助式道歉：实施危机管理及提高消费者期望 / 147

　　一、文化警觉 / 148

　　二、企业无罪的负担 / 150

　　三、证明规则的特例 / 154

　　四、行为危机管理 / 155

　　五、免费赠送礼物的危险 / 160

　　六、自助式道歉 / 162

　　七、自我反省式道歉的创造性成本 / 163

| 第十五章 | 光学焦虑和为外观道歉 / 167

　　一、细节在危机中的重要性 / 169

　　二、光学焦虑 / 172

　　三、托普曼和利物浦人民 / 173

　　四、"托普曼的道歉来了" / 174

　　五、关注光学的成本 / 177

目录

| 第十六章 | 企业赔偿的真正成本 / 179

　　一、渗透式焦虑 / 181

　　二、寻求认同策略的变化 / 183

　　三、到底谁为星巴克的错误买单？/ 184

| 第十七章 | 道歉经济学：为什么道歉会花费50亿美元 / 187

　　一、道歉到底要花多少钱？/ 189

　　二、来自大自然的教训 / 190

　　三、补偿以及为什么25000可以成为神奇的数字 / 192

　　四、道歉的价值 / 194

　　五、特斯拉50亿美元道歉 / 194

　　六、道歉价值73000英镑？/ 197

| 第十八章 | 危机沟通和潜在危害：企业如何从竞争对手的道歉中获利 / 201

　　一、至少我们不是优步…… / 202

　　二、按需指责——810亿美元市场将摧毁你的声誉 / 204

　　三、鲜花速递及反垃圾邮件的意外收获 / 209

| 第十九章 | 清洗道歉：超市和议员如何被骗道歉 / 213

　　一、清洗道歉 / 215

　　二、清洗道歉——媒体如何操纵一场关于风味的争论 / 217

三、伪证与含混不清语言的武器化 / 221

| 第二十章 | 代表他人道歉：汽车制造商、总裁和自由职业者道歉的经验教训 / 225

一、消极对抗代理道歉 / 227

二、为历史道歉 / 229

三、其他意外结果 / 233

四、企业为历史道歉 / 234

| 第二十一章 | 四天销售100万英镑：发现不道歉出乎意料的好处 / 237

一、丢失的拼图 / 239

二、逆向营销 / 241

三、"感觉不好的因素" / 244

四、部落制度的力量 / 245

| 第二十二章 | 不要把善良错当软弱：为什么英国"最友善的"品牌拒绝道歉 / 251

一、如何保护您的企业免受性别歧视和出售亵渎性卫生纸的指控 / 255

二、重新定义"沟通危机" / 258

三、玛莎百货的经验 / 260

| 第二十三章 | 结论：如何开展危机公关并做出有意义的响应 / 263

一、不要许下信守不了的承诺 / 264

二、制订计划 / 266

三、第1步——决定是否道歉 / 267

四、第2步——决定你的抱歉程度 / 269

五、第3步——决定后续措施 / 270

六、记住别着急 / 273

七、关于要求道歉 / 274

第一章
道歉也是一种危机公关

| 出了什么问题？|

| 为什么写这本书？|

| 为什么现在写这本书？|

1951年3月，在伯明翰（Birmingham）国王希斯区（King's Heath），霍斯金先生（Mr.R.M.Hosking）在他婚礼当天的早晨猛然意识到自己遇到了麻烦——虽然不是他的错，但是他的确没有结婚的西装。其实，他已经提前预订了西装，但是一直没有收到。最后，霍斯金不得不穿着未婚妻父亲的裤子结婚。他完全没有意识到，这场不幸要从一年前讲起。其实，他并不是那一年唯一一个没有礼服的新郎，这或许会让他感到一丝安慰。

在霍斯金准备结婚的前一年，克莱门特·艾德礼（Clement Attlee）的工党政府修改了税法，无意中给准备在4月初之前，也就是在英国财年结束时结婚的夫妻提供了巨大的税费优惠。如果在上一纳税年度结束之前结婚，每对夫妻都可以申请领取丈夫未来一年的全额津贴，这样的优惠政策无疑使得3月迅速超过8月，成为英国最受欢迎的结婚月份。尽管众所周知，英国的3月天气恶劣，但在艾德礼新政之后将近20年时间里，3月都是最受欢迎的结婚月份。

1951年，也就是可以享受新政的第一年，3月份婚礼的数量飙升到前一年的两倍。包括霍斯金和他未来妻子在内的将近80000对幸福的情侣，即将在3月步入婚姻的殿堂，但这也给整个婚礼供应链带来了巨大的压力。这就是霍斯金不得不向未来岳父借裤子的原因。3月出现的空前的婚礼高峰让很多人大吃一惊。对于霍斯金，包括为他定制西装的公司而言，都是难以幸免的遭遇。

在婚礼结束的几周之后，他收到一封来自这个让他失望的公司的道歉信。信中说道：

亲爱的先生：

我无法用言语表达让您失望的歉意。这是公司自成立以来第一次发生这样的事情，订单量激增。很感谢您的谅解。

给您的退款不足以表达我们的歉意——我额外附上5英镑，并邀请您和您的妻子来我家小酌几杯，以弥补我们的过失。再次向您和您的妻子表示诚挚的歉意。

您忠诚的，

HN．莫斯（H N. Moss）

常务董事

这封信来自哈里·莫斯（Harry Moss），时任科芬花园莫斯兄弟公司（Moss Bros & Co of Covent Garden）的常务董事。如今，莫斯兄弟公司（Moss Bros PLC）已成为一家年营业额高达数亿美元的全球连锁企业。莫斯在道歉的同时附上了两张支票：一张是公司的退款，另一张来自他的个人账户。现在来看，应该价值几百英镑。

2018年11月，这件事发生近67年后，霍斯金的儿子帕特里克（Patrick）在推特上分享了这封信，并提出为什么公司不能再像这样道歉。这是最近很多人都在问的问题。

为什么企业不能再道歉了？

莫斯的道歉信从未打算公开。这封信中，供应商向顾客表达了诚挚的歉意，并寻求解决问题的方式。态度非常谦卑，却获得了意外的效果。从道歉目的和道歉信的结构角度来看，这次道歉恰到好处。

特别是以今天的标准来评判，这封道歉信可以看作一件杰作；它很真诚，提出了弥补的建议，没有任何搪塞或借口，消费者完全可以接受。霍斯金得到了足够的尊重和重视。相较而言，如今很多公司在道歉时忽视了对待消费者的态度。

一、出了什么问题？

2018年可谓是糟糕的社会行为之年。脸书（Facebook）和星巴克（Starbucks）树立了早期企业道歉的样板。特斯拉（Tesla）和优步（Uber）则在喧闹中结束了这一年。2019年的情况也没有好转。很多企业公开道歉，却很少有企业承认错误。

近两年来，我们一直密切关注着这些备受瞩目的公开道歉事件。这些事件中，企业为糟糕的道歉做了很多努力；公众人物和企业为了转移视听、掩饰事实、逃避错误，熟稔于发布道歉声明，而这些道歉声明算不上道歉。更令人印象深刻的是，从最近企业的道歉行为中可以看出，他们非常不想道歉。

同样令人印象深刻的是，机构在道歉的时候并没有说对不起。在过去的几年里，在最引人瞩目、最受公众期待的道歉事件中，企业做出的道歉毫无诚意、消极敷衍、自以为是，甚至试图拖延，不及时处理。

自圣经时代我们就知道了如何道歉。《圣经》(Bible)和《古兰经》(Quran)中都有关于道歉和宽恕的描述。赎罪日(Yom Kippur)是犹太教(Judaism)最盛大的节日，赎罪日的主旨就是道歉。

导致如今状况的原因并不是企业和公众人物不知道如何道歉。如何正确道歉的建议比比皆是。信任发展、谈判和冲突管理学者罗伊·莱维基(Roy J Lewicki)教授对755人开展了两项独立研究，形成2016份研究报告，总结出6项道歉的关键要素：真诚道歉、阐述事实、承担责任、悔过、提出解决办法、请求原谅。谷歌(Google)学术数据库中有关于道歉的研究报告，超过1500份报告被多次引用，其中甚至有一份研究报告是关于如何给"心理上有资格的顾客"道歉。只要我们需要，教我们如何道歉的课程就在那里。

道歉的供求问题是造成当前混乱局面的原因。企业做出的真诚道歉是远远不够的。消费者要求企业问责，而企业并不愿意这样做，最终消费者也得不到公平对待。缺少消费者需要的真诚道歉，粗制滥造的假货却充斥着市场。

真诚的道歉远远不够。

如果你关注头条，就会发现糟糕的道歉伴随着令人担忧的趋势。在这样的环境下，当美国联合航空公司(United Airlines)和脸书等公司发生轰动一时的丑闻之后，这些公司的推特(Twitter)账户、脸书页面和全世界的新闻办公室都会发出大量的书面道歉声明。

大家都在道歉。不论是公众人物、领导人、年轻人(YouTubers)，还是领军机构、大型企业，都在以惊人的速度表达着自以为是、低质量的歉意。事实上，仅2018年1月，英国媒体就报道了35次公开道歉，平均每天超过一次。在这个月，维珍集团(Virgin)、优兔网公司

（YouTube）、阿斯达公司（Asda）、《每日邮报》（Daily Mail）、弗拉基米尔·普京（Vladimir Putin）甚至教皇方济各（Pope Francis）都做出了公开道歉声明。

回顾头条事件，每家航空公司都会为粗暴"重新安置"惊恐的乘客发布道歉声明，一家文具店为在错误的报纸上做广告宣传道歉。社交媒体高管极力尝试为每位出席政府听证会的脸书高管安抚那些愤怒的推特用户。然而，每个人都在道歉，却没有人说对不起。

所以，回答帕特里克·霍斯金（Patrick Hosking）的问题：为什么企业不能再道歉了？简而言之，像我们这样的公关人员、危机管理顾问，或是社交媒体客户经理，我们的工作就是维护企业、机构和公众人物的利益。为此，我们非常抱歉。

或者说："为我们的服务没有达到较高水平深表歉意。"只有少数人不认可这样的道歉方式。2019 年，尤尔夫（YouGov）开展的一项研究发现，只有 49% 的被道歉者不认可这样的说辞。因此，道歉行业陷入困境，如今，几乎所有的英国成年人都认为有水准的含糊说辞是在道歉。

道歉已成为一项公共关系活动，消费者会为此买单。公关人员和沟通策略分析师已经养成了这样的恶习，他们代表客户道歉，而唯一的目标就是不说对不起。我们非常愿意为任何需要道歉的人道歉，但是我们不认为我们错了。

在发生乘客被拖拽下飞机事件后，我们对美联航（United）首席执行官的所作所为感到不安。同时，也因美联航的竞争对手——西南航空（Southwest Airlines）发生类似的事件倍感失望。但是，请不要把这些千篇一律的企业公关回应误认为是真正的道歉。后续的章节会列举很多公众人物、企业、政治家，甚至博客作者的道歉案例，但是他们的道歉并没有什么实际意义。毕竟，"道歉"一词源于辩解，在希腊语中表示"辩护"而非"后悔"。

道歉已成为一项公共关系活动。

当发生一些负面事件时，企业和公众人物简单说句对不起已经不是新鲜事了。事情只会越闹越大，越来越受关注。然而，现在出现了新的现象，和拒绝道歉恰恰相反，一些企业和公众人物在发生类似事件时，会在不恰当的时机急于发布道歉声明。这就是危机公关。

二、为什么写这本书？

本书探讨了危机公关背后的心理，我们出于本能，对公众的指责充满恐惧，即使是发布在社交媒体、病毒式新闻上的非常小的批评，我们也会非常敏感，这就导致我们会为了微不足道的事情道歉，而在真正需要道歉的时候反而拒绝。我们将分析造成企业热衷道歉的几点原因，以及向所有要求道歉的人道歉的后果。

同时，本书将研究几个道歉案例，剖析当今最多产的道歉者，并深入探讨一些企业拒绝道歉的罕见案例。

我们会问，为什么相较于男性，女性更适合道歉？为什么西班牙拒绝向墨西哥道歉？为什么英国超市在一天内发布50次道歉声明？一家英国公司如何在拒绝道歉后的不到一周时间赚了100万英镑？为什么历史上最受期待的道歉却是一则法律免责声明？为什么一个啤酒品牌花费巨资却声名狼藉？为什么在首席执行官发表不负责任的道歉声明之后，公司股价却飙升数十亿美元？

三、为什么现在写这本书？

我们认知中的道歉变得无关紧要，这是非常危险的。因此，需要策划才能让道歉不再可有可无，重新赋予"对不起"原本应有的重要含义。不少沟通行业人士拥有大平台的特权，请不要再滥用"对不起"，还道歉一定的可信度。我们需要注意道歉时的言辞，并尽可能避免本书后续将要探讨的坏习惯。

道歉变得无关紧要，这非常危险。

第二章

谁在道歉,为什么?

| 究竟谁该是道歉者? |

| 企业如何道歉? |

| "入门级"的企业道歉 |

如果我们的推文让您觉得格格不入,我们深表遗憾,并表示最诚挚的歉意。如果您关注我们就会发现,我们在谈论海洋时经常引用流行的迷音。其实,直到现在我们对于这些迷音也知之甚少。——蒙特利湾水族馆(Monterey Bay Aquarium),推特,2019年12月。

德国散文家、社会评论家托马斯·曼(Thomas Mann)这样谈论写作:"对于作家,写作比其他人更难。"其实道歉也是这样。就像那些处于困境中的首席执行官、新闻官和匿名发言人,大部分的道歉声明都是由他们发布的,我们要求他们的道歉有专业水准,而他们往往是最难的。我们都知道如何道歉,但是当把道歉作为工作时,这件事突然就做不好了。

一、究竟谁该是道歉者?

道歉者的身份往往可以代表企业遇到麻烦的严重程度。例如,如果企业选择通过新闻稿、记者电话采访或社交媒体做出匿名道歉,就表明企业并没有处于危机状态。不管发生了什么事情,都会很快过去。纸追(Paperchase)(因在《每日邮报》上的广告宣传受到批评)、地产网站 Zoopla(因广告受到批评)以及伦敦大学学院(University College London)(因推文陷入麻烦)在处理声誉问题时就选择了这样的道歉方式。

当由管理高层代表企业道歉时,一般预示有事情发生:一种情况是他们自己做了愚蠢的事情,比如棒约翰的首席执行官(因种族问题诽谤已故肯德基创始人山德士（Sanders）上校而被起诉）、特斯拉的首席执行官（认为华尔街的分析师"无聊"）以及卡塔尔航空（Qatar Airways）的首席执行官（宣称女性无法胜任他的工作），他们均为自己的所作所为道歉，而不是为公司道歉。另一种情况，首席执行官没有公开让自己难堪，那么可以肯定，企业正在、即将或是竭尽全力避免一场真正的危机。梅林娱乐公司（Merlin Entertainments）（奥尔顿塔主题公园（Alton Towers）过山车事故）、大众汽车（Volkswagen）（汽车排放丑闻）和美联航（事件太多，写不下）在需要郑重道歉时，都把公司主要高管推到了幕前。

道歉的人选成为道歉的一部分内容："我们非常认真地对待这件事情，这是我们的首席执行官……"当梅林娱乐公司意识到奥尔顿塔主题公园事故的严重性后，首席执行官瓦尼（Varney）出现在媒体面前。从参加电视节目到看望受害者，他亲自处理了每一件公共事务。《公关周刊》（PR Week）认为瓦尼做出了教科书式的危机处理。

同样，高管的所作所为也能产生相反的效果。在面对危机时，即使公司发表道歉声明，公众也很难忽视高管的缺席。2018年，谷歌及其母公司（Alphabet Inc）陷入性别歧视、默许性骚扰以及潜在干预选举等被指控的丑闻，整个事件中公司联合创始人和母公司首席执行官拉里·佩奇（Larry Page）并未出面，这样的危机处理方式备受关注。新闻媒体因此开始质疑："拉里·佩奇在哪里？"

危机中，很难忽视高管的缺席。

美国全国广播公司财经频道（CNBC）以"领导层真空"评论这次事件。《华尔街日报》的安迪·凯斯勒（Andy Kessler）问道："谷歌创始人拉里·佩奇有露面吗？我是没见到。"在应对奥尔顿塔主题公园事件时，瓦尼的出现增加了梅林公司（Merlin）处理危机事件、真诚道歉的可信度，而佩奇的缺席产生的效果却恰恰相反。佩奇几乎不参加公众事务，甚至缺席2018年9月参议院情报委员会（Senate Intelligence Committee）关于美国大选中外国干预问题的听证会。推特首席执行官杰克·多尔西（Jack Dorsey）和脸书首席运营官谢丽尔·桑德伯格（Sheryl Sandberg）均出席了听证会，并回答了问题。佩奇本应出席此次听证会，他的位置被安排在多尔西和桑德伯格的中间，但现场只有一把空椅子和麦克风。参议院希望公众了解佩奇缺席了听证会，因此放了把空椅子。

为什么推特出席此次参议院听证会的是首席执行官，而脸书却是首席运营官，并不是他们的首席执行官扎克伯格呢？尽管桑德伯格成就显著、拥有不可忽视的公众形象，但她并不能像多尔西一样代表脸书的颜面。是扎克伯格有意为之吗？也许是因为担心消费者听了太多次他的道歉，而桑德伯格的女性形象是他所不具备的优势。

2017年，一项研究报告发表在《商业伦理期刊》（*Journal of Business Ethics*）上，报告题目为"男性和女性：道歉者的性别如何影响消费者"，报告提出：企业在发生违法事件后必须谨慎选择发言人的性别。研究发现：消费者对于不同的道歉者和道歉原因会做出不同的反应。这可以归结为性别观念。消费者认为女性更有亲和力，而男性应承担更多的责任。自剑桥分析（Cambridge Analytica）丑闻后，消费者已开始质疑扎克伯格的能力，因次，桑德伯格比他们的首席执行官更可信。扎克伯格自己也曾承认，他并不总是脸书最适合的发言人。

二、企业如何道歉？

公众会关注企业的道歉方式和道歉原因——他们为何道歉，又回避了什么问题。这些都体现了企业的意识形态。每家企业都会根据事件的优先级和紧迫性有选择地发表道歉声明。企业道歉的内容和语气不仅涉及发生的事件，而且会给消费者"洗脑"，渗透企业发言人的价值观。企业员工也会感到焦虑和压力，他们讨厌被斥责，这当然可以理解，被公众厌恶是他们最不想发生的事情。这也是我们看到那么多奇怪的道歉的原因。

尽管企业高层了解沟通行业在危机公关策略、真实性和透明度等方面能够起到很重要的作用，但是他们没有预料到斥责能够产生的影响力。即使是经过培训、经验丰富的专业人士，也难以应对数量庞大的愤怒的网友。这就是推特首席执行官为在福乐鸡（Chickfil-A）用餐而道歉的原因，也是蒙特利湾水族馆为调侃他们的一只水獭很胖而真诚道歉的原因，也是布卢明代尔（Bloomingdale）百货公司为售卖写有"虚假信息"的T恤衫而道歉并迅速停止销售的原因。

人们会感到焦虑和压力，他们讨厌被斥责。

不想挨骂看起来是件小事，却是企业道歉的重要原因。为了生存，硅谷（Silicon Valley）初创公司博德加（Bodega）的创始人因为不想挨骂，做出道歉。博德加的成立恰逢硅谷那些穿连帽衫的人正越来越少，它被多家媒体称为世界上"最讨厌的"初创公司。其实，这只不过是时机问题。消费者厌倦了常春藤盟校（Ivy League-educated）培养的未来亿万富翁的视角，并试图"颠覆"这种视角。便利店普遍存在于北美（North America）和西班牙语（Spanish-speaking）国家，博德加因破坏便利店的规划而受到媒体抨击，因此，创始人保罗·麦克唐纳（Paul McDonald）不得不在公司博客上写道："尽管我们的初衷是好的，并且尊重传统的便利店，但今天早上我们显然动了他们的奶酪，我们为此道歉。"

当然，他们的想法并不是开创性的；博德加本质上就是豪华自动售卖机。只不过消费者不喜欢、不接受他们的想法，所以，麦克唐纳（McDonald）是没有必要道歉的。

这些事件的严重程度以及道歉的必要性完全取决于公众的世界观。有的人喜欢纸追却讨厌《每日邮报》，因此，在某些人看来是一则普通的广告，但对于其他人，宣传内容可能就代表了报纸编辑的立场。从某种角度来说，多尔西只是吃了些鸡肉，而他选择的这家餐饮连锁店的首席执行官公开发表了反对同性恋婚姻的言论，事情又恰巧发生在同志骄傲月（Pride Month）。因此在某些人看来，他的就餐选择太不明智了。

如今，企业和公共生活非常复杂，以至最小的违规行为也会被过度放大和曲解。因此，消费者会收到一些听起来非常奇怪的道歉。通过分析企业道歉的原因可以了解企业的意识形态，同时，通过分析公众对企业的道歉要求可以了解更多的社会热点。

因为不被喜欢而道歉其实是为了生存。

三、入门级企业道歉

道歉有很多方式，每一种方式都有特定的用途，但是，不论采用哪种方式，企业都很少真正说对不起。表达方式往往是导致道歉失败的原因。很多表达方式都会搞砸道歉，以下就是一些企业最常用的道歉方式。

（一）量子超级道歉——薛定谔式（Schrödinger）道歉

如果公司没有遭到黑客攻击，你是否听过他们宣称"我们非常严格地保护消费者的数据"？同样，在没有发生延迟事件时，你是否听过运输公司承诺"致力于满足时效目标"？一个政党在没有面对负面评价或指控时，什么时候宣称过"我们认真对待每一件关于种族主义、性别歧视、欺凌事件的投诉，并致力于处理各种形式的种族主义、性别歧视、欺凌事件"？

这种修辞伎俩形成了量子超级道歉的基础。这些措辞试图消除一部分对企业违法行为的批评。企业既做出道歉，又表现出自己是无辜的，就像薛定谔的猫，既是死的又是活的。

如果一家企业一本正经地告诉你，他们非常认真地保护你的信息，而你可能想要修改所有密码，这就是量子超级道歉。换句话说："我们没有犯错，下面是我们的纠正措施。"

（二）行业术语道歉

把所有糟糕的道歉都归咎于沟通行业是有失公允的。在众多企业道歉案例中，那些令人难忘的真诚悔悟往往离不开法律的支持。同时，律师也会直接影响企业道歉的沟通方式。比如，2019年4月，美国证监会（US Securities and Exchange Commission）对特斯拉首席执行官埃隆·马斯克（Elon Musk）提出要求：在推特上发表某些话题之前必须得到律师的允许。

可以发现，当行业术语不再能掩饰事实时，律师就开始着手道歉了。一旦企业决定拒绝承担责任，我们听到的那些富有弹性的企业道歉就来自这些严谨的法律头脑。文字不再是我们理解的含义。用行业术语道歉就是不同程度地否认错误和承认错误，所有的措辞都是用术语堆砌的。最典型的行业术语道歉充满委婉的措辞，但其实是在撒谎。

"过高收费"变成了"定价问题"（适用于所有食物）；"爆炸"变成了"着火后超压"（见第七章）；火车轨道上出现牛变成了"牛入侵"【西南列车（South West Trains）在给顾客的邮件中这样解释】。道歉者通过这样的方式混淆视听。行业术语就像用柔焦镜头处理真实的画面，去除粗糙的部分，赋予图像柔和的边缘，让我们能够更顺利地感知到道歉者希望我们了解到的画面。这种类型的道歉可以分为以下几种形式。

1. 虚假道歉

面对他人的批评时，人的本能反应就是拒绝，要么直接否认，要么只承担有限的责任。既然做了，就应该承认。如果不能完全否认，通常会在头脑中列出一个清单作为论据，证明事实并不像人们想象得那么糟糕。虚假道歉中，最常用的处理办法就是责任转移，把自己和企业的责任转移到潜在的受害者身上。

"我很抱歉让您觉得……"或者"我们无意冒犯,深表歉意……"是两种惯用伎俩。大部分的虚假道歉会以"对不起,如果……"的模式作为开端。如果你希望发表一个令人铭记的糟糕道歉,可以把这个模式倒置,以"如果……"作为开端,再继续说下去。

> **行业术语就像柔焦镜头。**

大众汽车首席执行官赫伯特·迪斯(Herbert Diess)(不是为汽车排放丑闻道歉的那位首席执行官)在一次内部会议中无意提及了纳粹(Nazi)术语,就以"如果冒犯了您……"作为开篇发表了标准的虚假道歉。

迪斯(Diess)采用了"息税前利润让你自由"(Ebit macht frei)这样的措辞,"息税前利润"(Ebit)指的是"扣除利息和税金前收益",macht frei 可以勉强译为"让你自由"。这与"二战"(World War II)期间臭名昭著的口号"工作让你自由"(Arbeit macht frei)如出一辙,这个口号刻在被纳粹占领的波兰奥斯威辛(Auschwitz)集中营的大门上。当然,有些人,尤其是大众汽车,会认为这可能是个误会。迪斯认同这种说法。

在一份声明中,迪斯承认大众汽车有着"特殊的历史责任"——公司源于希特勒的德国劳工阵线(German Labour Front)(取代了众多德国工会的希特勒(Hitler)控制的纳粹劳工组织)。迪斯随后的讲述非常真诚,这种真诚同样出现在被解雇却期望成为德国汽车工业领军人物的博士机械工程师身上:"如果我无意中冒犯了您,我非常抱歉。深表歉意。"

迪斯的道歉并没有表现得太差。陈述中，他把自己排除在问责范围之外：“我从来没有打算把这项声明置于错误的背景之下。”如果你怀疑迪斯到底在做什么，那么这份道歉声明既解释了他所发表言论的适用背景，又解释了言论本身的意义。

2. 表面上的道歉

表面上的道歉毫无意义，只是为了道歉而道歉。我们每天都可以听到（读到）类似的道歉："某某铁路公司为列车延误和由此给您造成的不便深表歉意……"这是毫无悔意且流于形式的道歉。这样的道歉没有特定受众，当企业或机构出现失误，需要以含糊的措辞向公众道歉时，通常会采用这样的方式来满足规定的要求。这种道歉非常普遍，也因此掩盖了它微不足道的作用。虽然毫无用处，却普遍存在。

网站的错误页面上、公共建筑闭锁的大门上、故障电梯上都会有类似的道歉声明，然而，最常出现表面上的道歉的还是公共交通部门。公共交通似乎总是让顾客失望，因此它通过发布表面上的道歉声明来安抚公众的失望情绪是有道理的。甚至有网站专门跟踪他们的道歉记录，www.sorryfortheinconvenience.co.uk 网站的总部位于曼彻斯特（Manchester），在注意到曼彻斯特有轨电车系统运行商的多次道歉声明之后，创始人奥米德·卡尚（Omid Kashan）创办了这家网站："最初的想法源于自己等捷运（Metrolink tram）的经历，我想知道一天当中广播员需要为列车延误或取消说多少次对不起。随后，我浏览了他们的推特，发现几乎所有的推特消息都包含道歉信息。"

奥米德（Omid）的网站在推出之后受到众多媒体的报道，同时，网站的推出对一些企业的道歉行为也产生了不凡的影响。"在网站推出后的几天，捷运推特发布的道歉信息明显减少。"奥米德说道。难道表面上的道歉毫无用处吗？一旦你注意到，道歉就消失了吗？

3. 稻草人式道歉（strawpology）

还有一种道歉方式，看起来是在道歉，其实是弱化需要承担的责任，这种方式虚构了一个人物形象，并且向他道歉。与虚构人物的方式类似，参与讨论的人试图反驳尚未提出的观点，而不是应对他人已经提出的观点。"稻草人式的道歉者"发现，相较于为他们的错误道歉，为其他事情道歉更容易。2017 年，在乘客被强行拖拽下飞机事件被疯传后，美联航就采用了这种道歉。首席执行官奥斯卡·穆尼奥斯（Oscar Munoz）并没有向那位浑身是血、受惊尖叫的乘客道歉，而是更细致入微地虚构了自己的稻草人。"我们为超额预订机票的情况深感歉意，"穆尼奥斯说，完全曲解了事实。

"超额预订"是第一个稻草人。随后，美联航承认此次航班并没有超售，因而，这次道歉虚构了最脆弱的稻草人。当这种方法没有奏效，穆尼奥斯又进行了其他尝试。"这次事件让我们每一个人都感到不安。我为不得不另行安排这些乘客表示歉意。""另行安排"乘客是第二个稻草人。然而公众并没有买账。美联航的股价下跌，政府对其开展调查，最终，穆尼奥斯经过 3 次尝试才找到正确的道歉措辞。

这种形式的语言技巧适用于受到最严格公众监督的个人和公众人物，比如政治家、首席执行官、记者以及社会媒体人物。这些人习惯了被要求道歉，并且只对部分内容做出回应。当言行受到批评时，首席执行官可能会为他们"选择的措辞"而道歉。当发表的信息让公众感到不安，不论使用何种信息传递方式，他们都会为了"未能有效沟通"而道歉。如今，消费者和评论家一眼就可以识别出这些道歉的类型，这也不可避免地延长了他们处于尴尬境遇的时间。

4. 被动道歉

被动道歉不需要做太多的解释，我们都见过这种类型的道歉。比如，"我们犯了错误……""可能冒犯……""必须吸取教训……""必须道歉……"当企业缺少承认错误的勇气，被动语态可以缓和这些信息。然而，消费者很难相信这些道歉。

很多方式都会导致道歉失败，但是最受关注的糟糕道歉往往符合上述几种类型。因此，令人担忧的是，沟通行业似乎有这样一个为规避责任而经常被翻阅的攻略。如果企业以游戏的态度对待道歉，而且事实上很多家企业就是这样做的，那么他们的游戏都处于"简单模式"。当企业出现违法或违规行为，他们会采用某些技巧或习惯让事件处理得更简单。而我们通过鉴别这些伎俩，可以更好地审视企业发布的信息，不被形式迷惑。

第三章
企业道歉和不道歉的原因

| 道歉失败解析 |

| 为什么道歉？ |

| 为什么不道歉？ |

谨借此机会,为我方发表的诋毁宾先生(Mr Bing)的不实言论,不适当地诱导读者向其致电以及不实报道对宾先生造成的言语中伤,向宾先生表达诚挚的歉意。——《每日镜报》(daily mirror)向史蒂夫·宾(Steve Bing)道歉,2002年10月。

要想真正理解那些"最好"的公开道歉案例,必须了解影响企业道歉方式、道歉原因和道歉时机的各种因素。我们将分析道歉者和被道歉者在沟通过程中采用的技巧。公平起见,首先,我们需要了解道歉对于企业的意义。

人类社会中,大部分公司的道歉声明都是由董事会和公关顾问发布的,而"对不起"则来自道歉者的同情心。从"抱歉,我迟到了"到"对不起,我毁了我们的婚姻",这份同情心的程度各不相同。在英国,道歉能起到超乎寻常的作用,"对不起"甚至可以打破社会规范,成为沟通中的润滑剂,比如:"打扰了,请问这趟车去机场吗?"虽然表达的谦逊程度各不相同,但是向给予自己帮助的陌生人表达的感谢是一样的。

盖伊·温奇博士(Dr. Guy Winch)出版了多本人际交往方面的书籍,并将道歉描述为"缓解罪恶感的解药"。因为不想遭受情感上的煎熬,破坏赖以生存的关系,我们说对不起,彼此道歉。这与我们接受道歉的原因是一致的:不想遭受情感上的煎熬。我们明白,在日常生活中,即便不是坏人也可能做坏事。因此,道歉本质上是一种社交,是人与人之间的谅解。

不可否认,企业中的员工都是富有同情心的,但企业并不是员工情感的集合。促使企业道歉的不是单纯的同情心。快餐店的服务员可能会说"抱歉,让您久等了",而这只是沟通的润滑剂,是交易流程的组成部分。显然,当你看菜单的时候,服务员是不会同情你的。作为消费者,我们完全理解这一点。"抱歉,让您久等了"并不是寻求原谅的道歉方式。

企业只会为自己明显的错误道歉。他们什么时候承诺过可以保守秘密?举报者、监管人员、被侵权的消费者和记者充当了企业良知的代理人。作为消费者,我们理解和接受这个事实。我们要求企业遵守规则,也接受他们偶尔的错误。即便如此,企业也只会在我们了解到这些错误的时候才会做出道歉。

促使企业道歉的不是单纯的同情心。

一、道歉失败解析

企业会为两种失败道歉:运营失败和文化失败。运营失败每天都会发生,比如货物有问题、送货不及时或者航班延误,这种类型的失败很容易理解,只要后果不是很严重,道歉就很容易被接受。1992年开展的一项针对消费者对运营失败态度的研究表明,只要消费者感受到"程序公平",那么他们完全可以谅解发生运营失败的企业。也就是说,如果消费者认为企业采取了充分的补救措施,即便没有经济补偿,也会一如既往地认可这家企业。

文化失败则更为深刻。比如,侮辱性或冒犯性的广告、董事会不平等事件、欺凌事件甚至只是对社交媒体报道稍微地"装聋作哑",

> 危机公关

这些问题不能代表企业提供产品或服务的能力，却体现了企业的核心价值观。如今，企业核心价值观比以往任何时候都要重要。因此，与为言行道歉相比，为文化失败道歉是更难的。

2018年，阿卡迪亚集团（Arcadia Group）董事长菲利普·格林（Philip Green）的行为在议会（Parliament）上被揭露，他是一项被禁止公开的性骚扰指控中未透露姓名的商人，这是一个巨大的文化失败事件。消费者了解到格林试图撤销指控的事实之后，负能量立刻笼罩了整个企业。事件被曝光后，消费者研究机构尤尔夫的报道指出，消费者对于阿卡迪亚旗下品牌 Topshop 的认同感骤降。尤尔夫的首席执行官斯蒂芬·莎士比亚（Stephan Shakespeare）指出："几天时间内，公众对于 Topshop 的印象分从 7 分下降到了 2 分。而对于 18—34 岁的女性，这个分数从 25 分下降到了 20 分。"

虽然阿卡迪亚的产品质量没有改变，价格没有上涨，工作人员仍然友好而且努力，消费者依然对其失去了兴趣。就连格林也承认，被曝光的事件"给他的生意造成损失"。因此，消费者对企业文化的认知非常重要。消费者希望对自己的选择有信心。这就是不可能完全弥补消费者因企业文化失败而产生失望情绪的原因。即便如此，做总比不做强，但这必将是一次昂贵且不精确的交易。当发生性骚扰时，你愿意接受什么样的赔偿作为谅解施暴者的交换条件？在格林被曝光的前几天，Topshop 已经经历了一次文化失败，因撤掉伦敦旗舰店关于女权主义的书展受到广泛批评。那次事件中，他们试图纠正错误，做出道歉的同时为两性平等慈善机构捐款。

社交媒体对此次企业公关的评价是极其消极的，但正如我们了解的那样，社交媒体的评价并不能代表现实世界中消费者的满意度。书展事件之后，公众对于 Topshop 的态度确实有所下降，但很快就恢复了，并且下降的程度远不及预期。无论如何，相较于断货问题，此次事件对 Topshop 的影响要小得多。

尽管企业会将文化和运营分开，但两者不可避免地会有重叠。运营失败可以是文化失败的表象，反之亦然。这些严重的文化失败一开始通常表现为运营失败。2015 年发生的奥尔顿塔主题公园过山车事故，造成 16 人受伤，2 人更是遭受了改变一生的伤痛，而造成这次事故的是人为的两次操作失误。但这一人为操作失误的出现是因为员工不再遵守安全协议，并且知道如何手动重载安全系统。这是一次企业内部的文化失败。

Topshop 声称，撤销书展是从"产品和创意"的角度考虑而做出的决定。这属于一次运营失败。当真相被揭露，首席执行官格林要求撤销书展，这就演变成一次文化失败。虽然很讽刺，但这时候如果让一名女性高管接任，对格林来说或许会更好。一项主题是企业道歉者性别对消费者态度的影响的研究发现：当企业因为"价值观"（文化）问题道歉时，消费者更容易接受女性道歉者，而当企业因为"服务"（运营）失败道歉时，男性道歉者会获得更好的效果。

2018 年 2 月，肯德基发生的"鸡荒"事件是典型的运营失败案例，这次事件演变成了"令人铭记"的广告宣传活动。超过一半的英国门店被迫短时间停业，这给原本计划以肯德基作为餐食的家庭带来不便。其中一位顾客抱怨在汽车餐厅排队等候了 15 分钟，花费的时间是之前的两倍，最终却被告知没有鸡肉。公众对此非常不满。伦敦的警察局

仅仅是错误本身并不足以让企业道歉。

甚至要在推特上发表声明,告知公众不要再为此打电话了。

尽管这件事让顾客很不高兴,但是他们对此表示理解。没有人会指责山德士上校行为不当,肯德基也没有文化问题的嫌疑,他们只是短时陷入鸡荒。因此,当肯德基做出道歉时,这件事很容易就过去了。肯德基在报纸上刊登了一则广告,上面是一个空的鸡肉桶,调侃式地将商标由"KFC"改为"FCK",并以"我们对不起"作为标题。肯德基从此次运营失败事件中有所收获,赢得了信誉,这也成为新的广告宣传的出发点。

二、为什么道歉?

虽然企业总是会出现错误,但是他们并不是每次都会道歉。如果仅仅是犯了错误,企业不一定会道歉。一定是在错误对企业有特殊意义时,企业才会道歉。这时,道歉是企业更好的选择,做出道歉可以恢复声誉,缓和社交媒体抵制,或是让企业避免诉讼。然而,尽管消费者可以接受企业道歉,但这并不代表会原谅企业的行为。消费者和企业之间缺少人与人之间达成谅解的纽带。每个人只有一位配偶、一位母亲和几个朋友,但只要你需要,有很多家超市、航空公司和网络供应商供你选择。社会关系促使我们可以和家人、朋友和平相处,但这并不适用于我们和连锁超市之间。

消费者不会原谅企业,他们只是在事态严重之前,衡量对企业错误的容忍度。这就是消费者抵制企业的原因,同时也是抵制失败的原因。我们把接受企业的运营失败或文化失败作为和企业之间交易的筹码。正因如此，公众仍选择穿波士品牌（Boss）的服装，开大众公司的汽车（雨果·波士（Hugo Boss）在阿道夫·希特勒（Adolf Hitler）之前加入纳粹，大众汽车在大屠杀（Holocaust）期间使用强制劳工）。消费者每次购买T恤衫或是乘坐飞机都是在道德和情感之间做出妥协。并不是每位消费者都能做到有选择性地花钱，只有那些有特权的消费者才可以凭良知消费。而企业深知此事。

即便在最严重的企业失败案例中，就算企业没有道歉，他们的经营状态依然良好。比如，虽然声名狼藉的格伦塔尔（Grünenthal）是镇静剂沙利度胺（Thalidomide）制造商，但依然有消费者购买它的产品。即便格伦塔尔没有为沙利度胺事件道歉，它依然生存了几十年。他们的药物导致成千上万的孕妇流产或产下畸形的胎儿，而多年来消费者对此了如指掌。格伦塔尔的道歉迟到了50年，而这期间，公司仍然在生产药物和赚钱。因此，如果企业可以在不道歉的同时经营良好，他们为什么要道歉呢？当企业犯了错误时，有6个促使企业道歉的原因，同时，他们也有一个拒绝道歉的理由。

1. 消费者满意度和经营成本

【推特】早上好，娜塔莉（Natalie），非常抱歉您购买的巧克力消化饼干中没有巧克力。如果你能提供产品条码和电子邮件地址，我会将这件事反馈给供应商。

大多数为消费者满意度做出的道歉都没有征求消费者的同意。但也是好事。这样的道歉非常无聊，也毫不真诚，只不过是"表面上"

的道歉，持久且无用。如果感兴趣，可以浏览一下任何你喜欢的零售商在推特上的答复信息，就会发现他们的社交媒体团队大部分时间都在道歉。例如，2018年10月5日，Topshop因性别歧视做出道歉的同一天，英国四大零售商——塞恩斯伯里（Sainsbury's）、乐购（Tesco）、阿斯达和莫里森（Morrisons）一共做了151次客服道歉，其中塞恩斯伯里31次，乐购29次，莫里森41次，阿斯达50次。

几乎所有道歉都附带退款、更换商品、赔偿，或至少零售商承诺做进一步的调查。这些道歉形式已融入企业沟通模式中。有趣的是，这些为消费者满意度做出的道歉大同小异。因此，企业为此花点精力也无妨。当事情涉及轻微的企业运营失败时，道歉并不重要，重要的是赔偿。"对不起"只不过表示"我们了解了"。

2018年开展的一项研究对150万优步用户进行了调研，研究发现："不论有没有道歉说明，最有效的道歉方式是提供5美元的优惠券。"同时，研究表明，"没有提供优惠券的道歉在未来的公众消费选择中存在潜在的负面影响"。对于轻微的企业运营失败，道歉可能会让事情变得更糟糕。

值得庆幸的是，消费者很善于管理自己的期望。"可接受的损失"是表示"附带损失"的委婉说法，这个概念在商业中被普遍使用，起到的作用是双向的。虽然零售商知道展示贵重商品可能会被盗，但他们仍然会这样做。因为如果不展示，消费者也不太可能会购买这些商品。因此，在销售过程中，少数被盗的物品被视为"可接受的损失"。消费者同样需要为可接受的损失买单，在做出商品购买决定时，也要考虑希望购买的物品可能会被盗。如果国际通勤者不能应对航班延误，那么他们永远都上不了飞机。唯一保证不会购买到发霉草莓的方式就是不购买。因此，消费者要接受失望的风险。这是交易的代价。

为此，当企业经历普通的运营失败时，造成的名誉损失是很少的。消费者对此是有认知的，从未期望企业会给出完美的解决方案。只要消费者感受到一定程度的程序公平，企业的声誉就不会受到影响。这显然不是什么大事，因为没有人会在乎别人是否收到发霉的草莓。

有两个因素会影响公众对企业处理运营失败的看法：一个是损失程度增加，例如，发生的事件给公众带来了不便、失望和经济负担；另一个是运营失败有某种娱乐价值，比如，沙拉里出现蛆或是薯片杯里有草，等等。但大多数情况，小的运营失败是不起眼的。而文化失败则不同。我们也许可以不在乎发霉的草莓，但一定会在意受到商店经理的不公平对待。

2. 解决问题和补救服务——为什么会高估同情

如果航空公司丢失了你的行李，或是水管爆裂导致家里停水，处理这类事件的工作人员所表现出来的对你遭遇的同情比你想象得要少。然而，再多的同情也不能缓解行李丢失或停水带来的不便。因此，当消费者面对真正的不便或损失时，并不想听到对方是如何愧疚的。

当企业发生较严重的运营失败，消费者更关注的是企业解决问题的能力。如果可以选择，消费者宁愿面对一个言行唐突的实用主义者，而不是一个善解人意的马大哈。一项关于机场运营失败的研究记录了旅客对待运行失败的态度（此项研究作为公司电视节目（UK TV show Airline）的一部分，旅客同意将其纳入拍摄后的研究范围），研究发现，相较于同情，旅客对能力和创新更感兴趣。事实上，服务人员的热情降低了消费者对他们能力的感知，也许这也解释了2017年开展的关于企业道歉者性别认知的研究中，为什么参与者刻板地把女性的热情视为能力低下的表现。

研究负责人贾格迪普·辛格（Jagdip Singh）说："在补救服务中，道歉会适得其反，如果服务人员说'非常抱歉，我妹妹也发生了同样的事情'，消费者会认为问题没有得到真正关注，会把这些说辞当作消遣。"因此，运营失败越严重、影响越大，消费者对企业能力的认知就越重要。

3. 客户维系、重塑信任和道歉红利

有时企业道歉的原因很简单：如果不道歉，就有失去客户的风险。这些为维系客户而做出的道歉往往与比较严重的运营失败有关，这种现象表明企业并没有真正采取措施，人们会为此付出高昂的代价。这时，运营失败成了不可接受的损失，关乎公众信任问题。为维系客户做出的道歉与补救服务是不同的方式。补救服务是在交易过程中解决问题；而客户维系则会贯穿客户的一生，从线上支付终止到产品召回，这些情况对时间是有要求的。

处于运营危机中的企业需要采取措施让消费者放心重新接受企业服务。对于企业来说，最好的措施就是承认失败、解释失败原因、说明消费者如何获得程序公平。有趣的是，为维系客户而做出的道歉有时可以提高企业声誉，比如肯德基以及玩具零售商熊熊工作室（Build-A-Bear）的经历。

2018年，熊熊工作室推出"按年龄付费"优惠活动，迫于活动的火爆程度，促销活动被叫停。在一些活动现场，人们排队等候的时间长达7个小时，社交媒体对活动造成混乱的投诉迅速升级，警察接到报警后到现场维持秩序。玩具零售商以公众安全为由叫停了活动、关闭商店，这些举动导致成千上万的孩子失望而归，这些孩子的父母愤怒不已。

第二天，熊熊工作室的首席执行官莎伦·普莱斯·约翰（Sharon Price John）在美国全国广播公司（NBC）的《今日秀》（Today）节目中发表了道歉声明。这是一次实实在在的道歉，她向公众解释了问题原因以及公司采取的措施。这次道歉声明对熊熊工作室产生的影响立竿见影，公司股票从活动当天的7.8美元飙升到道歉当天的8.15美元。这对于一次失败的营销活动来说已经很不错了。为什么男性更适合为运营失败道歉呢？

肯德基也曾从"道歉红利"中受益。在肯德基的母公司百胜（Yum！）做出道歉当天，百胜旗下各品牌的股票均出现小幅上涨，但道歉也产生了后遗症。道歉的广告词是《格言》的编辑设计的，公众纷纷点赞，为此"买单"，肯德基可以借此提出让山德士上校退休。

最极端的失败案例也会出现类似的情况，即使是人们被自己的政府折磨。就像最臭名昭著的塔斯基吉梅毒实验（Tuskegee Study of Untreated Syphilis），患有梅毒的非裔美国人没有被告知诊断结论，也没有被提供治疗，这次实验被视为"美国历史上最具争议的医学研究性实验"。1997年，时任美国总统的比尔·克林顿（Bill Clinton）为此道歉，称这是一次"严重、深刻、道德上错误"的实验。2008年的一项研究发现，相较于只了解塔斯基吉实验而不知道道歉声明的非裔美国人，既了解实验又知道道歉声明的人对医学研究的信任度更高。

4. 企业恐慌、压力和疲劳

在社交媒体出现之前，企业很难准确了解消费者对他们的评价，尤其是在短时间内。销售下滑是警告信号，糟糕的新闻报道将引起企业关注，直到拿到一轮焦点小组会议的数据后才能确认消费者的不满情绪。互联网永久地改变了这一切。通过浏览网页、博客和社交媒体，企业可以实时了解公众对他们的看法。但对于企业，这并不总是愉快的体验，尤其是引发这些意想不到的负面评价的最大导火线就是对企业文化失败的认知。后续我们将以普拉达（Prada）、托普曼（Topman）和玛莎百货（Marks & Spencer）为例进行研究。引起社会反响的原因并不复杂。玛莎百货（M&S）仅因卫生纸的图案就引起强烈的社会反响。

消费者通过互联网反馈信息的数量和速度迫使企业立即开展紧张且无预先准备的自我检查。首先，像社交媒体经理和公关人员这样的一线工作人员，需要直面这些高度紧张且并不友好的场景，他们感受到的压力是最强烈的。如果企业没有详尽的危机应对计划，就可能造成手忙脚乱，仓促做出决策。没有人喜欢被批评，或被人用各种各样的方式告诉他们自己的企业非常可怕，应该被抵制。在这些情况下，即便是弹性最好的企业也有可能失去原则，之前逻辑清晰的企业沟通团队会突然发现危机四伏。而这时，如果企业只是说"对不起"，一切都会变得像一场危机。

当在社交媒体上的交涉中言论过激时，消费者可以选择下线，出去散个步。专业的公关人员却不能这么做，他们必须给出应对措施。当陷入声誉危机时，企业通常会像指责他们的消费者一样否定自己的所作所为。一般情况下，这会是错误的决策，但并不重要，因为道歉是摆脱尴尬局面的唯一方式。因此，即便是实力雄厚的企业也只能选择道歉。

一些企业之所以为文化失败道歉，纯粹是因为他们被要求这么做，比如纸追、伦敦大学学院、索菲特酒店（Sofitel）、乐购、索尼影业（Sony Pictures）。企业的推特是寻找道歉声明的好地方。

5. 监管和遵纪守法

还记得2018年5月《欧洲通用数据保护条例》（GDPR）生效之前，用户会不断收到邮件列表中每一个邮箱发来的电子邮件吗？他们告诉你会如何保护你的隐私，并询问是否可以继续给你发邮件。你会很快发现，这并不是营销行业集体自我反省的结果，而完全是因为企业要遵守法律，法律要求企业这样做。

很抱歉告诉你这些事，但事实如此。尽管有些企业的道歉看起来非常真实，但如果没有行业监管机构的介入，企业是不会这么做的。这些行为都与"纠正性广告"的概念有关。当企业出现违法违规行为，包括美国联邦贸易委员会（Federal Trade Commission）和英国公平交易办公室（Office of Fair Trading）在内的全世界的贸易监管机构均有权强制企业采取纠正性措施。这些由监管机构强制采取的纠正性措施通常要求企业在宣传方面投入一定资金，在一些出版物上刊登广告。

因此，如果企业不得不这样做，也可以对此加以利用。

2018年，富国银行（Wells Fargo Bank）推出"重建"宣传活动，针对全美多地市场投放广告宣传，宣传活动策划精心，并且传达了一致的主题："非常抱歉，我们改了。"富国银行从未明确说过"对不起"，但活动传达的悔悟足以表达对客户谅解的期望。客户受邀参与整个宣传活动，企业希望借此重新获得客户的认可。富国银行抓住了最恰当的商业时机，向客户传达了他们的价值观，作为一个非常低调的美国化品牌，是非常值得信任的。

他们的广告充满视觉隐喻。可以想象一下这样的视觉效果，六匹马拉着一辆19世纪的驿站马车，穿过一片美国风格的风景地，所有场景都以慢动作形式出现。这是富国银行的驿站马车，象征着由市场资本份额确定的世界第四大银行谦虚且朴实的发展初期。钢琴响起，空灵的旋律带着一丝忧郁却又充满希望。马匹加快了脚步，它们油亮的肌肉似乎因品牌的真实性而充满力量。这时，一位听起来值得信任的女士说道："希望你能够了解富国银行已经改变了。富国银行将重新做出承诺，弥补过失，纠正错误。"一个特写镜头落在马鬃上，马匹疾驰向前，奔向更加公平、更加透明的未来，画外音响起，至关重要的是"那里，产品销售量不再是企业的目标"。

愤世嫉俗者可能会认为，取消以产品销量为目标的决策与2016年的事件有关。此前，富国银行以产品销售为目标的企业文化促使员工通过欺诈方式为客户开户。这种行为被监管机构发现后，监管机构对富国银行提起诉讼并索赔1.85亿美元。这样的营销策略固然是正确的，但立法者和监管者提起的诉讼让富国银行非常难堪。这次宣传活动是为此道歉。不是向顾客道歉，而是向监管者道歉。

法院裁定执行的道歉往往是不真诚的。有两种情况：一种是作为法律和解的一部分，典型的案例是诽谤；另一种是作为恢复性司法程序的一部分，基于法院授权的道歉。这两种道歉形式不论是对表达悔悟还是促进赔偿等方面都没有意义，只是图一乐。2002年10月，时任《镜报》（Mirror newspaper）编辑的皮尔斯·摩根（Piers Morgan）面对4000万美元的官司，发表了一篇对美国商人史蒂夫·宾极其糟糕的道歉声明。摩根被宾的律师逼入绝境，他的道歉声明极其恭维和夸张，以至任何读者根本不会相信这样的道歉。摩根把道歉的言语当成对抗的武器，使得所有读过这则声明的人都感受不到真诚。在这则道歉声明的背面，《镜报》刊登了一篇关于为什么美国人不理解讽刺的文章。

6. 因为他们觉得抱歉

企业因为觉得抱歉而做出道歉，这是显而易见的道歉原因，但事实上非常罕见。专业的道歉就是一场玩世不恭的游戏。道歉时，沟通团队必须表现出对事件的懊悔态度，同时一切又都在他们的掌控之中。企业的价值观往往以此为基础。事实上，这是很难达到的平衡，因此，消费者质疑企业道歉的诚意是可以理解的。

有时企业会因为愧疚而道歉，也会因为道歉是正确的选择而道歉，这让我们感到非常惊讶。比如，2014年，通用汽车（General Motors）首席执行官玛丽·巴拉（Mary Barra）就为点火器召回丑闻发表了有效且真诚的道歉声明。这次事件对于通用公司来说是一场巨大的危机。

最终，通用汽车为与此问题相关的 124 名死者支付了赔偿金。2014 年，巴拉在国会发表的声明中说道："我对所有因此次召回事件受到影响的人们深表歉意，尤其是对那些因此事失去生命或受到伤害的受害者的家人和朋友，我非常抱歉。"巴拉做出的回应非常真诚，没有任何含糊其词，也因此广受赞誉。

《财富》（Fortune）杂志对巴拉的言行不吝溢美之词，并做出评论，认为巴拉虽执掌通用汽车仅仅数月，在丑闻曝光后，无视通用处理流程，最小化流程的作用，反对、摒弃这些通用做法，艰难解决问题。《财富》杂志指出，巴拉不只是在道歉，她将此次丑闻事件作为彻底改变通用汽车（GM）企业文化的推动力，并援引她在通用汽车"市政厅"会议上对员工的讲话："我永远不会把这件事抛在脑后。"

专业的道歉就是一场玩世不恭的游戏。

另一个事例是关于斯塔福德郡（Staffordshire）奥尔顿塔主题公园的所有方——梅林娱乐公司。该企业经历了一场真正可怕的公关危机。2015 年，奥尔顿塔主题公园事故发生后，首席执行官瓦尼需要接受面对媒体质疑这项艰巨的任务。很明显，这起事故对于企业声誉是一场巨大的灾难，梅林公司需对此次事故负全责。第二年，公司因违反《健康与安全法》（Health & Safety Act），被处以 500 万英镑罚款，而在此次事件中，瓦尼的任务变得轻松不少。除了道歉，他还能怎么做呢？

很多种危机管理方式会把事情搞砸，这些绝对不是完美的处理办法。而梅林公司做出的第一个重要决策就是任命首席执行官为公司的发言人，这是非常重要的决策。这奠定了正确的危机管理基调。毫无疑问，会有公关团队协助瓦尼处理相关事务，但这样的决策是具有象征性意义的而且非常重要，表明首席执行官会亲力亲为，而不是将任务移交，躲在律师声明之后。

在瓦尼接受的众多媒体采访中，最有名的是天空新闻（Sky News）凯·伯利（Kay Burley）的采访，伯利似乎热衷于提炼一个言简意赅的标题，而不是挖掘到底发生了什么。瓦尼的言辞谨慎且有价值，在伯利的开场白结束后，瓦尼就将这次事件描述为一场"悲惨的事故"，这样的描述引起了公众的共鸣。

瓦尼清晰地介绍了梅林公司解决问题的方式。在采访开始的短短5分钟内，就列举了两项他正在开展的工作：帮助受害者和他们的家人、调查事故原因。对瓦尼来说，采访好比战场，在这13分钟的艰苦决战中，他没有虚张声势，没有使用术语套话，取而代之的是说"人话"，这次采访也因他朴实的语言而备受关注。他将此事描述为"事故"，而不是含混不清的"事件"。他对发生的一切感到"糟糕透了"，并重申梅林娱乐公司"非常非常抱歉"，随后补充道："我不会为此找借口。我们确实发生了事故，非常严重的事故，我们必须确保能够纠正错误。"

这不是一次完美的公关。电视采访冲突性的本质特点需要将被采访者置于不舒适的氛围中，瓦尼谈论了企业采用了"高标准"，冒险尝试进行薛定谔式道歉，尽管他主动承认了缺少足够的安全措施，但伯利还是立刻指出他们的企业标准并不够高。

瓦尼的行为是非常勇敢的。他发表的言论一说出口就会出现在屏幕下方的字幕上，不久就会成为头条。当在英国广播公司的《今日》节目中被问到，事故是否会影响梅林娱乐公司的股价，瓦尼回答："当下，如果我真的没有关注股价，你们是会原谅我的。"这是瓦尼最能引起共鸣的言论。

瓦尼可能没有关注公司股价,但他的言行和态度确实影响了股价。2015年的一份研究发现,当企业的首席执行官在道歉中表现出明显的悔意,市场会给予他们更积极的反应。瓦尼的危机处理方式作为企业危机公关的范例,有很多值得学习的地方。作为经验丰富的沟通者,他采取了罕见的公关策略——说实话、道歉、不回避棘手问题。更值得关注的是,他在采访者施加压力的情况下,仍然能够坚持主要观点。

瓦尼坚信他需要传达的最核心,也是唯一重要的信息就是梅林娱乐公司和他本人均对此次事故深感抱歉。我们过去已看到或者以后将会看到太多企业道歉的事例,他们不仅要为危机事件道歉,还要为处理危机中的行为道歉。瓦尼就不必这么做了。

事故发生当年,奥尔顿塔主题公园的游客数量大幅减少,但随后逐年递增。更有趣的是,根据在线统计和市场调研公司的数据,69.3%的英国成年人认为奥尔顿塔主题公园坠毁事故并没有影响他们的参观意愿。这很有意义。糟糕的危机公关会影响整个行业,而不仅仅是处于危机中的企业。

媒体对瓦尼的支持率也很高,行业新闻对他的危机应对措施给予广泛赞扬,同时也得到了消费者的关注。一份在请愿平台(Change.org)发起的请愿书收到近5.8万人的签名,要求天空新闻解雇伯利,让她为苛刻对待瓦尼的态度付出代价。

三、为什么不道歉？

企业发言人最常被问到、却很少被回答的问题就是"你为什么不道歉？"对于这个问题,典型的回答是"律师不让我这么做"。当企业将道歉视为承担责任,那么通常的行为准则就是不道歉。这就产生了两种截然不同的趋势:企业出现社会化趋势,为没有诉讼风险的琐事道歉,而回避真正需要道歉的事件。造成这种误导的原因有很多,最明显的原因就是道歉似乎没有用。而一项关于美国医疗事故诉讼的研究发现,道歉事实上是可以减少诉讼的,某些情况下,如果没有人为发生的事情道歉,会激起患者的愤怒情绪,增加医疗机构被起诉的风险。英国的企业对道歉有同样的误解。《赔偿法》(*Compensation Act*)(2006)明确规定:"道歉、提供治疗或其他补救措施不能视为对过失或违反法定职责的承认。"为了提高公众认识、普及《赔偿法》,沟通专业人士甚至举办专门的宣传活动(搜索"道歉条款活动"可以获得更多信息)。

还有一种情况企业也不会道歉,就是企业无法判断自己是否有错。2018年8月,热那亚(Genoa)莫兰迪大桥(Morandi Bridge)坍塌事故造成43人死亡,此桥的运营商为意大利汽车贸易公司(Autostrade per l'Italia),其总裁乔瓦尼·卡斯特卢奇(Giovanni Castellucci)对此事表示遗憾和同情,但拒绝发表正式道歉声明,卡斯特卢奇在一个记者招待会上说:"道歉和责任是密切相关的。如果你觉得应该承担责任就道歉。"这样的言论看上去很冷漠,但至少非常诚实,公众也会对企业未来的道歉行为有同样的认知。

英国的企业对道歉有误解，认为如果道歉就会被起诉。

当然，有时企业并不觉得愧疚。这也有些道理。在这样一个表演赎罪和网络"抵制文化"的时代，不愧疚并不是道歉的障碍，很多企业只是为了不再被指责而道歉。因此，当面对指责时，坚定立场非常重要。蛋白质世界（Protein World）、庞德兰（Poundland）和玛莎百货就是3个很好的事例，后续将为大家介绍。

我们正在重新审视我们的文化价值观，旨在鼓励协作、形成一个包容而不是有争议的工作氛围。——优步写给消费者的邮件，2017年6月。

第四章

为什么行业不同,道歉的意义就不同

| 市场摩擦——为什么购物习惯会影响获得道歉的机会 |

| 市场摩擦如何影响优步的认知 |

如果任由企业自行其是，就不能保证企业会有好的表现。因此，我们需要通过法律法规来确保健康安全、交易公平、防止污染、禁止歧视，并妥善处理经营中的重要环节。对于那些不受法律法规约束的文化因素，比如员工福利、社会公正、代表性和多样性，就需要社会契约。消费者对企业总是有期望的。

问题在于对于不同的行业，消费者的文化期望存在巨大差异。比如时尚、化妆品、游戏、儿童玩具、音乐和商业街零售业，甚至咖啡店，消费者对这些行业的文化期望就远高于银行、保险、医药或是法律。

事实上，我们可以采用区分企业失败原因的方式来对消费者的期望进行分类：文化期望、运营期望。我们希望时尚品牌和咖啡连锁店多样化、具有代表性、善待员工。我们希望硅谷初创企业有理想、有目标、致力于社会正义。我们希望食品品牌公平交易、不会断货。然而，当涉及银行、市政服务、手机供应商和保险公司时，大部分的消费者却只希望它们能够货真价实、工作有效率、遵守法律。

有文化基准的企业承担了超额的文化负担。当然，企业也可以通过满足消费者各种文化期望而获益。例如，致力于追求多样化、积极性和员工幸福感的企业可以通过满足消费者的文化期望来自我推销。像多芬（Dove）、美体小铺（Body Shop）这样的品牌甚至为取悦消费者而成为事业发展的倡导者。

但是，对这些企业来说，很难完全满足消费者不断变化的文化期望。即便广告宣传活动形式多样，也必然存在多样化和覆盖范围不足的现象。一旦发生这样的情况，事情很快就会变得糟糕。因此，一些企业不再为看似微不足道的事卑躬屈膝，比如在不适当的餐厅吃饭（推特的多尔西),其他企业也是如此。很难发现有银行或养老机构为任何文化相关的问题自我反省。是的,他们也会道歉,但几乎只为运营失败道歉,因为消费者并不期望银行或养老机构能够考虑他们的文化关注点。

文化失败关乎企业是否真正在意消费者的焦虑和期望,所以,如果出现文化失败,企业是很难取得消费者原谅的。而运营失败更容易被接受和谅解,甚至是具有娱乐性的。尽管售卖鸡肉是肯德基的唯一工作,我们仍然可以因鸡荒而嘲笑它。但是,即便是运营失败也是有限度的。当消费者意识到发生的事情会危及个人隐私或者安全,而不仅仅是能否买到鸡肉的问题,就会瞬间失去幽默感。因此,为运营失败做出的道歉取决于事件的后果而不是事件本身。

药剂师为病人配错药(业内称之为"配药错误"或"选择错误")就比配发错误味道的漱口水严重得多。两者都属于运营失败,对病人的影响却有天壤之别,一种只是带来些许不便,而另一种则是潜在的医疗事件。因此,两件事需要完全不同的应对措施。

当然,有的行业发生运营失败的可能性更高,航空公司就是非常好的例子。航空业是不存在"小问题"的,因此航空旅客必然处于高度焦虑状态。这意味着,被媒体描述为小故障、叮当声、失误的那些危险系数较低的事件都变得非常不容易被原谅。当行李装卸员出现"选择错误",结果显而易见。如果飞行员发生类似事件,那就会成为头条新闻了。因此,根据 2014 年埃米特里克(Unmetric)的一项研究发现,世界最大的 15 家航空公司在短短 3 个月时间里在社交媒体上发表了 52239 条道歉信息。

| 危机公关

一、市场摩擦——为什么购物习惯会影响获得道歉的机会

航空业不存在小问题。

出乎意料的是，影响企业道歉态度和频率的最大因素几乎与企业行为毫无关系，客户行为和市场环境是更重要的因素。在企业道歉中，表现最好的时尚品牌和咖啡连锁店比表现最差的银行和保险公司道歉频率更高。这是为什么？这与市场摩擦有关，或者是因为缺少市场摩擦。

市场摩擦是指消费者从一个品牌转而选择这个品牌竞争对手的难度。事实上，另选别家给你带来的麻烦远高于遵循本心带来的满足感，比如教堂、银行、手机供应商和职业足球俱乐部，这些行业的发展都得益于各自市场的高度摩擦。如果习惯了使用特定产品和服务，消费者是很难转变的。企业深知这一点，不太担心受到消费者的批评，因为批评不太可能是客户流失的前兆。因此，他们很少道歉。

教皇（Pope）不会因为天主教徒（Catholics）皈依佛门（Buddhism）而失眠，因为他不会为公众希望他道歉的事情——道歉。同样，不管需要多少纾困金，为多少武器制造商投资，银行都不担心维护客户，因为他们了解转换账户有多痛苦。毕竟，即使在全球金融危机之后，也只有6%的消费者更换了银行。相比换银行，离婚的可能性更大。

低摩擦市场的运行方式则相反，这些行业的企业需要有绝佳的表现或是具有其他特点。它们的生存依赖于观念，需要客户的青睐，因此，这些企业更容易受到客户流失的威胁。事实上，任何竞争健康、更换供应商相对无痛的行业，比如时尚、快餐、外卖咖啡、化妆品、

都会为微小的过失做出郑重的道歉。讨厌星巴克？如果星巴克不做出道歉，你可以有其他选择，至少可以对星巴克构成威胁。

相比换银行，离婚的可能性更大。

低摩擦行业的企业了解消费者有多种购物选择，因此，他们热衷于满足消费者的要求，做出道歉。高摩擦行业的企业也会道歉，但他们不会弥补明显的过失。比如，银行会为技术问题道歉，但很少对文化、价值观、使命或者其他低摩擦行业道歉的原因做出回应。

二、市场摩擦如何影响优步的认知

2017年6月，优步向一群被称为"前骑手"的人发了一封道歉邮件。这些人是优步的老客户，他们在共享乘车应用程序的使用率大幅降低。在邮件中，优步声称必须"面对残酷的真相"，为"不足"做了各种软弱的让步。这次道歉是针对优步的文化失败。邮件中说道："我们正在重新审视自己的文化价值观，以鼓励协作，形成一个包容而不是有争议的工作氛围。"这并不是一封为司机迟到而道歉的邮件，也不是在主动承认错误。优步的文化问题已受到广泛关注，性骚扰和性别歧视丑闻同时成了全球新闻。

尽管优步的声誉降低是全球性问题，但优步只向纽约的消费者发表了道歉声明。优步已在70个国家运营，却只向一个州的用户道歉。为什么只选择美国？为什么纽约这么特别？

答案就是来福车（Lyft）。在运营的69个国家中，优步在共享乘车服务领域均处于垄断状态。如果在英国发生抵制优步事件，你只能选择黑出租或者私人出租车，完全不存在其他共享乘车模式。而如果在美国抵制优步，来福车的司机很乐意为您服务。这就是为什么优步只选择为纽约的消费者道歉。

优步发送道歉邮件时，来福车已在美国 50 个州开展了服务业务，由于纽约对优步的抵制，来福车在当地的共享乘车服务中分了优步一杯羹。在肯尼迪机场（JFK Airport）出租车抗议事件发生时，优步定价暴涨，这让纽约的消费者非常生气。美国是优步市场摩擦最小的地方，而纽约又是来福车业务发展壮大的地方，因此，优步选择为纽约的消费者道歉。

低摩擦行业的企业热衷于道歉。

然而，道歉并没有改善客户流失。前优步工程师苏珊·福勒（Susan Fowler）揭露了公司的性骚扰丑闻，她认为优步的道歉是"全光学"，没有任何用处。优步首席执行官特拉维斯·卡兰尼克（Travis Kalanick）几天后辞职。

优步的选择性道歉证明了一个观点。道歉代价很大、耗费时间，让公司丢脸而且饱受压力。企业会发布不同标准和态度的道歉声明，除了良心发现之外，还有很多因素会影响他们的道歉方式和时机。当企业面对指责时会问自己两个问题："我们搞得有多糟？""公众能做什么？"如果答案是"非常糟糕""立刻弃你而去"，那么企业做出道歉的可能性就会提高。

第五章
明确的道歉为什么更容易被大家忽视

| 情人节危机 |

| 世界上第一个企业社交媒体道歉声明 |

| 纠正错误的方案 |

| 危机响应 |

我们感到抱歉和尴尬。最重要的是，我们深表歉意。——捷蓝航空公司（Jetblue）首席执行官兼创始人大卫·斯威纳（David Neeleman），2007年2月。

当斯威纳（Neeleman）被赫伯·凯勒赫（Herb Kelleher）解雇时，他哭了。1992年，斯威纳创办了小型包机航空公司莫里斯航空公司（Morris Air），西南航空公司创始人凯勒赫（Kelleher）收购了这家公司，在完成收购仅仅5个月后，凯勒赫解雇了斯威纳。斯威纳非常崇拜凯勒赫，当西南航空在1993年决定收购莫里斯航空时，年轻的斯威纳同意低价出售，只为了有机会和他的英雄共事。

人们很容易忘记，航空旅行曾经是少数人能负担的奢侈品。如今，我们很自然地认为航空公司可以把我们从世界的一个地方送到另一个地方，而花费不过是做个时髦发型的钱。这是人类的发展进步，我们要感谢西南航空公司。20世纪70年代初，这家总部位于美国得克萨斯州的航空公司首次提出了廉价航空旅行的概念，并在达拉斯爱田机场（Dallas Love Field airport）推出仅需15美元的航空服务。

根据发布在《纽约时报》上的讣告，西南航空创始人凯莱赫出生于新泽西州（New Jersey），是一位"爱玩、吸烟、喝酒"的首席执行官。他对航空公司的经营也没有长远规划。他在《当你搞砸了，振作，振作：12个来自作战室的获胜秘密》一书中描述了西南航空遵循的简单信条：我可以用30秒让你了解航空公司运营的秘密，那就是：我们是廉价航空。一旦你了解了这个事实，你可以和我一样决策公司的未来。

不考虑其他因素，不论是过去还是现在，西南航空的机票都是最便宜的。他们不期望成为最好、最快或是最取悦旅客的航空公司,而是最便宜的航空公司。每一项公司决策都秉承这一主旨。

这也是他们道歉比较多的原因。根据社交媒体分析机构埃米特里克发表在互联网数据资讯网(DigiDay)上的研究,西南航空发布的微博中有64%是关于向客户道歉的。就道歉占其社交媒体发布数量的比例来说,他们是道歉比例最多的航空公司,但不是绝对数量最多的。我们经常听到有航班延误发生的航空公司,比如,达美航空(Delta)、维珍航空、美国航空和美联航,他们发布的道歉声明数量更多。但是,这些航空公司的社交媒体发布很多其他的信息,因此,在道歉信息的比例上,没有航空公司能超越西南航空。

在君迪(JD Power)开展的消费者满意度调查中,西南航空却名列前茅,会觉得奇怪吗?事实上并不奇怪。西南航空虽然道歉次数非常多,但并不是他们真的有问题。道歉的言行一定程度上属于客户服务范畴,是航空公司运营摩擦的润滑剂。虽然这项客户服务花费很少,但非常重要。

西南航空的道歉行为一定程度上属于客户服务功能。

与西南航空竞争"最佳航空公司"的最有力对手,是一家叫捷蓝的航空公司。它成立于1998年,创始人为巴西裔美国(Brazilian-American)商人斯威纳,在被西南航空解雇五年之后,斯威纳成立了捷蓝航空。他有自己的经营理念。与西南航空"我们是最便宜的"经营理念不同,捷蓝航空遵循的是让客户享受航空旅行的原则。这是一家以客户服务为主导的航空公司。虽然两家公司经常在君迪调查中争夺榜首,但两家公司和创始人的风格截然不同。因为各自的优势,捷蓝航空和西南航空都受到消费者的青睐。

捷蓝航空并未出现在埃米特里克发布的"道歉最多的航空公司"名单中，但他们的道歉方式被认为是非常明确的。道歉需要有适当的方式，次数多并不等于质量高。通过研究企业各种各样的道歉方式，我们能够发现不同的企业经营理念如何指导不同部门进行危机沟通。可以肯定地说，尽管捷蓝是廉价航空，但是他们也有多种解决客户满意度问题的方式。

一、情人节危机

2007年情人节，一场冻雨袭击了北美大西洋沿岸，引发持续5天的航空运营瘫痪。捷蓝航空取消了超过1000次航班，超过13万旅客受到影响。捷蓝航空由于从未发生过如此大规模的航班积压事件，所以缺乏紧急应变能力。该航空公司的经营理念遵循三大基本原则，其中第三个原则就是："和客户搞好关系。"如果他们确实致力于成为一家客户服务型航空公司，现在就是证明的时机。事实证明，捷蓝航空后续的处理措施堪称现代企业道歉的模板。

捷蓝航空的道歉措施以3种不同的模式分为3个阶段实施。起初，创始人兼首席执行官斯威纳在公司官网上发布了一封道歉信并接受了媒体采访。现在我们仍能在捷蓝航空的官网上看到这封信，短短364个字，每个字都诠释了什么是好的道歉声明，相比之下，其他公司的一些道歉声明显得非常糟糕。

这封信的开端写道："亲爱的捷蓝航空旅客，我们感到抱歉和尴尬，但最重要的是，我们深表歉意。"没有比这更适合的道歉姿态了。斯威纳以诚实和谦逊的态度处理了一场危机。

读者原以为这封道歉信也会出现公司在道歉时常用的陈词滥调，比如，"充满挑战的环境""超出可控范围的因素""犯错"，实际上这些说辞都没有出现。斯威纳是这样说的："由于我们给您带来了不可接受的航班延迟、航班取消、行李丢失和其他不便。"其实，他很容易用其他的表述方式，通过调换语序，让捷蓝航空摆脱责任，比如："您经历的不可接受的航班延误……"。斯威纳显然不准备最小化公司在这次事件中应该承担的责任。

斯威纳的道歉态度诚恳且人性化，但并没有卑躬屈膝。道歉信虽只有 364 个字，斯威纳却使用了 3 次"对不起"。3 次"对不起"已经足够多了，他还使用了 11 次"您"和 1 次"我"。这是一个非常重要的比例，告诉了我们这封信的侧重点。正如我们了解的，道歉声明通常有与此相反的倾向，道歉者更关注挽回面子和转移责任。

他的态度诚恳且人性化，但从不卑躬屈膝。

二、世界上第一个企业社交媒体道歉声明

在道歉信的结尾，斯威纳发布了一个视频。这就是捷蓝航空危机公关的聪明之处，他们准备踏入一个全新的领域。当时，优兔网刚成立两年，推特也才过完 1 岁生日。企业还没有发现社交媒体在危机管理中的能力。

斯威纳在发布标题为《我们对您的承诺》的视频时，可能也没意

识到他开启了危机管理的新标准。这位懊悔的首席执行官向客户道歉的视频如今成了常规道歉模板,从英国石油公司(BP)到优步都使用了这个模板。但在当时,这个视频平台才成立两年,主要用于分享类似年轻人从父母屋顶翻下来之类的视频,公司首席执行官冒险采用这样的方式道歉是前所未有的。风险很大,却也得到了回报。

在发生运营失败后的第五天,捷蓝航空发布了3分钟的视频片段,按照今天的按需道歉标准,5天时间已经非常长了,到了公众认知中的道歉期限。但是在2007年,这算相当快速的应激响应,应对的态度非常积极。捷蓝航空副总裁马蒂·圣乔治(Marty St George)说:"公司发布道歉视频后,一些旅客的反应是'不敢相信你们会让我这么失望'。一些旅客的反应是'我仍然支持你们,没关系'。"

这段视频非常真实,有别于现代企业公关中人为制造的"真实性"。没有背景音乐影响你的情绪,没有花哨的剪辑,没有舞台管理布景中斯威纳与顾客对话的慢镜头。就创造的价值而言,背景板上捷蓝航空的标志和一些新闻标题的消失都与它有关。

斯威纳坐的离镜头太近,偶尔说话会有些结巴。有次,他举起一个公司职员的徽章笨拙地在镜头前挥动,晃得你都看不清楚,这个徽章就是捷蓝航空流程改进的部分见证。换言之,这段视频30%是为了说明情况,100%为了道歉效果。这才像一次真正的道歉。所以,斯威纳要么是世界上最大的骗子,要么他无意中发现了其他品牌花费数百万追求的真实性。

外行的说明并不重要。事实上,捷蓝航空并没有邀请危机管理专家协助,整个事件是由斯威纳的公司全权处理,他决心自己来收拾这个烂摊子。2007 年，伯恩斯坦危机管理公司（Bernstein Crisis Management）创始人乔纳森·伯恩斯坦（Jonathan Bernstein）在《福布斯》（*Forbes*）的访谈中说道："如果斯威纳寻求我的帮助，我不会比他做得更好。"斯威纳所说的人性化被称为企业道歉的教科书。

捷蓝航空没有邀请危机管理专家协助！

在道歉过程中，斯威纳首先说了"对不起"，随后用平实的语言对事件加以说明，并解释了捷蓝航空是如何纠正错误的。他的道歉中毫无含糊其词和推脱责任。顾客对此非常满意。《广告周刊》（Adweek）认为捷蓝航空"揭露了这个透明的游戏"。正如文章作者大卫·贾纳塔西奥（David Gianatasio）指出的：捷蓝航空不仅知道说什么，如何说，也知道什么时候闭嘴。这不是所有品牌都能做到的。

三、纠正错误的方案

也许在捷蓝航空的危机响应中最关键的部分就是"顾客权利法案"。在优兔网上，斯威纳向网友介绍了他制订的顾客权利法案，该法案用以规定如果今后出现类似航班延迟和航班取消情况，客户拥有什么样的权利。这对于道歉的成功是非常重要的。根据冲突管理专家莱维基教授（Lewicki）的理论，具体的纠正措施是成功道歉六要素中的第五条，在请求原谅前先给出纠正错误的方案。

除了为受到事件影响的旅客支付必要的赔偿金，捷蓝航空利用此次危机建立了用于今后保障顾客权利的规定，他们明白信任危机并不只关乎受到影响的旅客,其他的客户也在关注他们的应对措施。权利法案规定在出现意外情况时旅客可以享受的权利,具体到不同航班延迟时间和赔偿金额之间的对应关系。捷蓝航空独树一帜,对外公布这份书面的顾客权利政策。他们毫无保留,明确说明消费者的权利,将客户作为成年人看待。大家知道会发生航班延误或取消,大多数旅客承认这不总是航空公司的错误。航班延误或取消给顾客带来的不便属于航空公司的运营成本。旅客除了乘坐飞机,还可以选择汽车。

四、危机响应

情人节危机发生一周之后,塔拉·维斯(Tara Weiss)在《福布斯》杂志上发表了一篇文章,称赞捷蓝航空的危机响应是"教科书式的危机公关"。危机管理顾问吉姆·卢卡斯泽夫斯基(Jim Lukaszewski)对维斯说,他认为斯威纳"树立了应对类似情况的标准"。斯威纳和捷蓝航空给公关行业上了宝贵的一课。除此之外,麦当劳的快餐企业公关、斯托克(Stock)、艾特肯(Aitken)和沃特曼(Waterman)的流行歌曲公关都可以成为企业危机公关的模板。公关行业被赋予了明确、简单的成功公式。任何处于危机中的企业都可以参考捷蓝航空的响应措施,只需稍做调整,就可以得到一条可靠且经过考验的复兴之路。既然2007年就有了捷蓝航空的企业道歉模板,那么为什么沟通业人士不采用呢?如果他们参考了这个模板,这本书应该就不存在了。

回顾捷蓝航空的危机应对经历,有一个警告信号,整整一代公关业人士有被忽视的风险。圣乔治在接受《广告周刊》采访时承认,使

用社交媒体的决策对自己有深远影响。他说:"这就像毒品。"圣乔治似乎知道为什么会沉迷于它。圣乔治说:

"传统的市场调研花费很多,时间很长。现在通过社交媒体我可以很快得到反馈。这就是它的魅力。"

公关行业被赋予了一个明确、简单的成功公式。

这就是问题的根本。对社交媒体的依赖是数百家企业,包括很多捷蓝航空的同行,出现危机公关失败的基本特征,某些情况下,这就是导致公关失败的原因,也是这本书存在的原因之一。

捷蓝航空的视频是愤怒文化初期的社交媒体道歉。捷蓝航空为危机管理制订标准时,推特才刚刚起步,顾客与企业间互动的新规范尚未建立。虽然数字化基础设施已经存在,但是企业还未掌握通过社交媒体进行实时危机管理所需的技术。消费者也未完全发现社交媒体潜在的巨大能量。

第六章

如果每个人都道歉,那没有人是错的:我们真的道歉太多吗?

| 我们真的道歉太多吗? |

| 大范围传播歉意 |

| 愤怒资本主义和"对不起"价值的暴跌 |

非常抱歉，让您在为女儿选购运动鞋时因为选择受限而感到失望。——其乐鞋业（Clarks Shoes），2017年8月。

如果你对危机公关感兴趣就会注意到两个日期：2018年1月4日和1月20日。2018年1月里，只有这两天媒体没有报道企业或者公众人物公开道歉，其余29天，平均每天会发表1.2次道歉声明。

2018年1月的第一周，优兔网名人洛根·保罗（Logan Paul）为一段不雅视频道歉，维珍火车（Virgin Trains）和诺森比亚警察（Northumbria Police）都为在推特上发表的不良言论道歉，图书出版商全品（AllSorted）为一个低级笑话道歉。随着时间推移，道歉的呼声越来越强烈。菲尔·内维尔（Phil Neville）和达伦·弗格森（Darren Ferguson）是两位职业足球教练，他们分别为对女性和裁判的不当言论道歉，优兔网为保罗前一周的所作所为道歉，流行歌手莉莉·艾伦（Lily Allen）为散播假新闻道歉，阿斯达公司为没有为客户将商品送上楼道歉，同年9月该公司又重蹈覆辙，再次为同样的原因道歉。除此之外，2018年1月31日，3位议员（其中两位议员24小时内互相道歉）、1位足球运动员、达美航空（Delta Airlines）、万豪酒店（Marriott Hotels）、英格兰高速公路（Highways England）、唐纳德·特朗普（Donald Trump）和教皇均做出道歉声明。这是怎样的一个月啊！

大家都在道歉。乐购是英国最大的零售商，它采用的公关策略是典型的自我反省式道歉。2017年，公司官方发言人通过社交媒体和传统媒体高调发布了13条道歉声明，平均4周做1次公开道歉。其中很

第六章 • 如果每个人都道歉，那没有人是错的：我们真的道歉太多吗？

多道歉是关于产品召回和支付异常这些常见事件。这家连锁超市还为一些琐事道歉，这些琐事令人印象深刻，包括商店鸡肉展台上的语法错误、复活节（Easter）冒犯基督徒（Christians）的啤酒广告。

2017年的大部分时间乐购都在道歉，我们可能会认为他们经历了一系列的运营和服务事故。相较于五年前，他们的道歉数量增加了6倍。但是，乐购的行为真的变糟了6倍吗？可能不是这样。2012年，他们高调公开道歉的次数相对较少，只有两次，一次是为了定价错误，另一次是为了翻译错误，翻译错误导致意大利面的包装上出现一些俏皮的意大利标语，这两次道歉一次比较无聊，一次有些"有趣"。然而，截止到2017年7月底，他们发布的道歉声明比2012年和2013年加起来还多。2013年的"马肉门"事件是乐购有史以来最严重的一次声誉危机，他们做出了不同寻常的弥补措施。但是，当食品包装和店内海报出现问题时，他们却比以往任何时候都感到愧疚。

如果把乐购2012年到2018年期间道歉的次数做出趋势图，我们可以合理地认为，这家零售巨头在2016年前后，也就是马肉门事件之后，已经完全脱离正轨。但是，乐购在2017年和2018年的表现并不比2012年和2013年差。同时，销售量也创下新纪录。

事实上，自2012年和2013年丑闻（马肉汉堡和财务危机使其股价蒸发20亿英镑）爆发以来，消费者对乐购的态度有了显著改善。2016年，乐购的报告中指出，公众的品牌信任度创下4年来的新高。他们不仅是英国最大的零售商，也是发展最快的连锁超市。乐购做得很好。

但是，乐购不仅道歉的频率增高了，也更热衷于道歉了。他们对

> **危机公关**

深陷公开悔悟泥潭是一种信号，道歉正在失去影响力。

很多事情感到"非常"抱歉。某些情况下，"非常"是恰当的。比如，2017年12月，药剂师因为配错药导致患者住院。某些情况，"非常"则有些过犹不及。比如，他们为化妆服装贴错标签感到"非常"抱歉，为把"黑豹（Dark Panther）"写成"黑豹（Black Panther）"让一些社交媒体用户不高兴感到"非常"抱歉，我们可能会想，乐购是否觉得任意使用"非常抱歉"无所谓。他们把悔悟变得毫无意义，走入死胡同。如果马肉丑闻发生在2020年，乐购就不会有情感空间来表达客户所期望的悔悟。

企业深陷公开悔悟泥潭是一种信号，预示着道歉正在失去原本的影响力。如果每个人都道歉，每个人都有错吗？社会人类学家凯特·福克斯（Kate Fox）在谈到英国人的过度道歉倾向时，特意强调了这么做的风险："我们过度使用'对不起'，常常是不恰当的，有时错误地使用会使'对不起'贬值。"她说得对。道歉太频繁会令人困惑和被误导。但是这不只针对英国人。全世界都在要求道歉、做出道歉，道歉的需求被放大，导致"对不起"似乎只是停留在公众意识中，而没有实际意义。"对不起"和其他有类似语义的词语，比如"道歉""后悔"就像旧冰箱的嗡嗡声，有些吵，但我们最终会试着忽略这些毫无意义的声音。

一、我们真的道歉太多吗？

是的。自1999年以来，我们比以前道歉更多了。根据拥有500万

第六章 • 如果每个人都道歉，那没有人是错的：我们真的道歉太多吗？

本书容量的谷歌浏览（Ngram Viewer）数据库，千禧年（Millennium）后，"对不起"的使用率显著增加。

截至2008年，谷歌保存数据的最后一年，被发布的道歉事件创下自1629年，也就是胡格诺派（Huguenot）叛乱事件发生当年以来的最高水平。

17世纪中叶以来，道歉的受欢迎程度稳定攀升，而20世纪初后却明显下滑。21世纪上半叶，有记录的道歉事件明显呈现下降趋势，人们道歉少了。1953年，英国和美国正经历前所未有的经济繁荣和高就业率，道歉事件的数量一落千丈，降至18世纪中叶以来的最低水平。20世纪50年代，人们变得更加忙碌和富有，根据2017年社会市场基金会（Social Market Foundation）和全球经济竞争优势中心（Centre for Competitive Advantage）的一项研究，人们觉得越快乐就越不会道歉。

60年代和70年代上半期，道歉的数量维持相对低的水平。从70年代末到80年代以及90年代，道歉事件卷土重来，道歉数量呈现稳定上升趋势，在我们大范围使用网络的时候出现明显的峰值。到推特成立的时候，"对不起"再度流行起来，比400年前呈现更高的增长趋势。

这样的变化趋势也许可以解释乐购的道歉行为。2017年，乐购的一连串道歉行为并不是因为公司意识到自身的堕落而寻求原谅，这只是一种新的企业与客户之间的互动方式。2016年，首席执行官戴夫·刘易斯（Dave Lewis）透露，像其他保护声誉的企业一样，乐购已把注意力转向社交媒体："我们在18个月前做出决策，重新调整投资和客户服务的方向，因此，您会发现我们的沟通方式从传统的线上推广转向更为个性化的社交媒体。"

社交媒体为乐购提供了与客户互动的平台。根据一项由推特开展的研究，这项研究虽然可信度存疑，但仍能供我们参考，那些通过社交媒体回应客户投诉的企业往往会得到更高的认知度和更高的客户消费量。但是，对乐购和其他类似的企业来说，一旦使用社交媒体，就承诺了要道歉。

二、大范围传播歉意

除了道歉更频繁之外，我们的道歉传播的范围也更远了。媒体报道道歉事件的欲望比之前更强烈，谷歌的搜索数据证明了这点。包含"零售商道歉"字样的网页就是一个很简单的例子，虽然如今这样的道歉内容随处可见，但直到现在，这些道歉仍然晦涩难懂。

2000年到2008年期间，搜索引擎只索引到了两个包含"零售商道歉"（或"道歉"）字样的网页：沃尔玛（Walmart）为售卖带有纳粹头骨的T恤衫道歉；威斯康星州（Wisconsin）零售商兰德公司（Land's End）为宣传册中刊登一些让顾客感到不安的采访内容道歉。但这不代表其他零售商在此期间没有做过公开道歉，他们确实做了，要指出的是，"零售商道歉"一词直到最近才逐渐消失。如今，就算有零售商道歉，媒体也不会有兴趣报道。

媒体报道道歉事件的欲望比之前更强烈。

2009年这一情况发生了极大变化。数百条包含"零售商道歉"字样的新闻突然活跃在网络上。玛莎百货、安·萨

第六章 • 如果每个人都道歉，那没有人是错的：我们真的道歉太多吗？

默斯（Ann Summers）、普里马克和庞德兰都均出现在新闻页面上。从那以后，"零售商道歉"就变得无处不在。截至2018年8月，谷歌可以索引到超过7000个包含明确道歉字样的网页，超过3400万包括类似语义的页面，比如"零售商道歉"或是"零售商抱歉"。

我们可能会把这一趋势很自然地归咎于两个原因：要么是因为零售商和我们一样，突然道歉更多了；要么是网络媒体更愿意报道道歉事件了。但是，真相是两者的结合，既和零售商有关，也和网络媒体有关。这一趋势随着"病毒式新闻"的出现而快速增长，"病毒式新闻"是由《赫芬顿邮报》（*Huffington Post*）和美版《今日头条》（*Buzzfeed*）等机构报道的社交媒体主推的"新闻"内容。因此，基于网络报道的新趋势，大家应该如何道歉呢？

三、愤怒资本主义和"对不起"价值的暴跌

要想理解为什么公众对道歉有如此高的需求，我们需要先了解病毒式新闻的发布方是如何通过这些新闻赚钱的。病毒式新闻的收入模式就是赚快钱。没有人会在病毒式新闻网站付费订阅。这些新闻内容很容易被复制，因此通过新闻内容赚钱是不可持续的，病毒式新闻网站通常从用户对广告的印象中获利（广告直接出现在用户的屏幕上与需要用户去点击浏览相比，给用户留下的印象是不一样的）。这种模式需要较大的浏览量。这就是很多网络记者的报酬与文章的阅读量直接相关的原因。尽管记者与媒体之间的合作条款和报酬有很多模式，但通常都是遵循收入正比于浏览量的原则。例如，病毒式新闻出版商

高科传媒集团（Gawker Media group），这家企业现在已经倒闭了，此前它采用的记者薪资支付方式就是津贴加补贴模式。新手每月领取1500美元津贴，除此之外，每增加1000个浏览量，再支付5美元的补贴，超过津贴的部分都属于记者，补贴上限是6000美元。

包括主流出版社在内的大多数媒体都已采用病毒式新闻报道模式，比如英国出版商印第100（Indy 100）和地铁报（Metro），病毒式新闻的经济现实激励了那些需要最少报道、容易复制和推广的廉价新闻。尽管廉价新闻比深入报道的制作成本低，但这些新闻在终版发布前会经过认真测试和优化。

病毒式新闻网站向上（Upworthy）在巅峰时期每月拥有9000万访客，随后浏览量明显下降，在新闻发布过程中，它曾经针对每个标题进行25个版本的测试，用以确认不同标题在特定人群中产生的参与度差异。为了让话题能像病毒一样迅速蔓延，

这是包含犯罪、娱乐愤怒和不公正对待的复杂的组合。

出版商需要浏览者可以分享新闻内容。除了测试标题，另一个提高传播量的方式就是让用户感到愤怒。解释性新闻网站（Vox.com）的资深文化评论人亚历克斯·阿巴德·桑托斯（Alex Abad Santos）对这种方式并不陌生，他们就是从义愤填膺的点击量中获利，他解释了这种运作模式："新闻业令人汗颜的事实是，每家新闻机构都是靠点击量获利。近年来，点击量的增加与社交媒体（尤其是脸书）越来越受到重视的趋势相吻合，因此，大多数的新闻机构（包括解释性新闻网站）开始定期报道公众期望在平台上分享的内容。这种策略意味着需要通过新闻内容激怒读者，因为愤怒的作用非常强大。"

第六章 • 如果每个人都道歉，那没有人是错的：我们真的道歉太多吗？

向上前自由撰稿人亚当·莫德凯（Adam Mordecai）着重说明了他们制造愤怒点击量的方法，他解释说，鼓励作者在标题中使用英雄和坏蛋，可以获得更高的参与度。

不只是新闻编辑使用英雄/坏蛋的记述方式。向上自己的广告销售页面也基于这个假设，邀请潜在的广告商，帮助他们纠正一些错误，改变现状，鼓励潜在的广告商认为当今世界缺乏公正，只有病毒式新闻才能解决问题："环顾四周：世界充满欺骗。幸运的是，如果你有勇气，每个人都有权利进入这个世界。"

这支持了莫德凯的理论，英雄/坏蛋的标题模式可以促使公众分享新闻内容。公众天生就幸灾乐祸，尤其是在弱者遭到报应的时候。

2017年，一位匿名的病毒式新闻记者向美国连线网（Wired.com）透露了最受读者欢迎的新闻类型："我们喜欢的另一种新闻形式就是分享一些与社会弊病做斗争的人。"这位匿名记者补充道，"我们喜欢阅读这样的新闻，比如女性使有性别歧视的推特账户被封、一位名人'滑稽地信任'一些发表种族主义言论的人或是某人由心碎进而愤怒，报复不忠伴侣。"

换句话说，病毒式新闻找到了通过"愤怒资本主义"将"呼唤文化"货币化的方式。因此，我们如愿获得了期望的头条新闻，但是并不知道我们曾经对新闻内容提出过要求。然而，能够用于病毒式新闻的宣传素材是有限的，还有很多同类型的新闻媒体，他们为了得到更多的浏览量也同样需要新闻素材。因此，病毒式新闻媒体会主动寻找、甚至制造一些英雄/坏蛋的情节。

为了寻找、制造英雄/坏蛋的情节，庆祝和放大"呼唤文化"是非常好的方式，尤其是为了处理紧急情况。企业是非常合适的"坏蛋"形象。企业和公共机构创造了完美的即时可用的坏蛋形象：强大、没有个性且引人注目。

顾客造就了完美的英雄形象：勇敢、无能为力、可信。基于对社交媒体责任的承诺，品牌和机构在睡梦中就走向风口浪尖。病毒式新闻网站很快就可以利用这些资源。这就是为什么我们可以看到很多类似"一位妈妈向其乐（clarks）呼唤区别女孩男孩的鞋子""我是女性，我请求联合国出手，我受够了性别歧视"这样的标题。

社交媒体机构萌芽社交（Sprout Social）的品牌策略师利兹·坎内贝格（Liz Kannenberg）拥有处理这类事件的经验："我很清楚，呼唤不会凭空发生。呼唤文化的影响体现在企业的方方面面，从消费者的情绪到收入。一个负面的帖子可能在几秒钟内影响到全球范围内成千上万的人。"

坎内贝格补充道："对于一个毫无准备的品牌，一次呼唤可能使其陷入声誉危机，并以滚雪球般的速度发展。"

因此，公众对于呼唤/道歉事件的关注度越高，对病毒式新闻机构的鼓励就越多，新闻机构会发布更多的新闻事件。即便新闻机构不是标题党，但也有类似的效果。为了有足够的呼唤/道歉故事素材，病毒式新闻媒体会奖励那些提炼有社会影响力道歉事件的人，比如在推特上有点名气的人。这只是愤怒资本主义的经济驱动力之一。

接下来的事情需要媒体、观众和所涉及企业的通力协作才能完成。这是包含犯罪、娱乐愤怒和不公正对待的复杂组合。正如我们看到的，当被要求道歉时，大多数的企业会本能地选择道歉。有些企业也

第六章 • 如果每个人都道歉，那没有人是错的：我们真的道歉太多吗？

会拒绝道歉，但是媒体会按部就班地挖掘他们想要的新闻素材，时常会得到想要的结果。

教唆者可以获得一定的社会影响力，比如事件中的赞许，短暂的社交媒体人气或是网络知名度。比如，那位请求联合国出手的女士在《时代周刊》杂志上拥有了自己的专栏。

2017年，一位匿名的公关专业大学生在《大西洋月刊》（The Atlantic）上发表评论："在我们这个时代中，能够走红或者获得广泛的网络知名度就是传奇，只有对文化现象有绝招或运气好的人才能做到。"

那么，企业对社交媒体有这样的认知，认为不值得在社交媒体上投入就不足为奇了。2019年4月，一家化妆品零售商宣布关闭在推特、脸书和翻书本（Instagram）上的英国品牌社交账户。尽管面临社交媒体的反对和抵制的威胁，这家零售商仍然拒绝为其怪异的反警察橱窗展示道歉，这样的行为源于企业决策，企业决定终止社交媒体作为品牌和受众的联系渠道。2018年，威瑟斯彭连锁酒店（Wetherspoons pub chain）删除了所有的社交媒体账户，其首席执行官蒂姆·马丁（Tim Martin）在推特（显然，现在已经删除）中说道："社交媒体让直接沟通变得越来越难。我们厌倦了与算法做斗争，不希望再为上新闻投资，我们不认为这些平台是企业成功的重要原因。"

企业会选择使用拥有易怒用户的平台。多项研究发现，在社交媒体，尤其是推特中，愤怒是最常出现的情感。萌芽社交的一项研究表明，55%呼唤企业的消费者希望得到道歉。因此，其他45%的消费者如果不希望获得道歉的话，他们想要什么呢？研究发现，70%的呼唤是为了提高认识。那么，提高什么认识呢？企业明显的违法行为还是企业文化？

病毒式新闻媒体作为旁观者，也会起到一定的作用。大家都了解，媒体的关注度会影响事件的结果。因此，媒体通过宣传要求企业道歉，赋予事件发起者更高的社会地位，给企业或个人施加压力，迫使他们道歉。

但是，除了通过新闻报道施以援手，要求企业道歉，媒体能做的更多。表面上，媒体为企业提供辩解的权利，但事实并非如此，只有为数不多的企业有足够的资源回应推特上提出的所有琐碎的问题。

媒体可以做到知己知彼，百战不殆。如果企业做出回应，媒体会更新报道或者发布新的报道，从而延长公众的愤怒时间，获得更多的流量。如果企业不回应，媒体也不会有任何损失，他们会说："我们就此问题联系了企业发言人，但是他们没有做出回复。"媒体这样的说辞就是一种谴责。

不管怎样，这可能是颇具嘲讽意味的转变。媒体通常是热心的罪魁祸首，而有时可能成为愤怒资本主义的牺牲品，一旦成为牺牲品，他们鼓励娱乐愤怒的热忱就会被扼杀。这样的事件不仅表明媒体对呼唤文化有选择性地感到不安，同时也表明媒体会为人们提供庇护，引导我们走出这个道德迷宫。

在拒绝承认对网球明星瑟琳娜·威廉姆斯（Serena Williams）的描绘带有"种族主义"的成分后，澳大利亚漫画家马克·奈特（Mark Knight）收到了死亡威胁，随后他关闭了社交媒体账户。由于没有发泄的渠道，批评者将矛头转向了他的雇主——《先驱太阳报》

第六章 • 如果每个人都道歉，那没有人是错的：我们真的道歉太多吗？

（*Herald Sun*），以及他们的出版商澳大利亚新闻集团（News Corp Australia），最终，在澳大利亚新闻集团力挺奈特之后，批评者将注意力转向了公司的广告商。

奈特在《先驱太阳报》的同事丽塔·帕纳希（Rita Panahi）透露，对名企的呼唤会产生更多的愤怒情绪，而不是解决问题的曙光：6周时间里，仅仅10个账户就向天空新闻的广告商发送了4500条推文……大部分推文来自不到200个账户，其中70%以上是匿名的。对情绪和曙光的不公正评价有两种方法。我们听到的噪音经常被一群无名小卒放大，在这个事件中，这些无名小卒以推特匿名账户的形式出现。

帕纳希声称，企业越来越害怕做出愚蠢的决策，但他称赞了立场坚定的天空新闻的首席执行官安吉洛斯·弗兰戈普洛斯（Angelos Frangopoulos），并认为那些呼声最高的人以'社会价值'为掩护，通过煽动消费者的愤怒情绪，制造商业恐怖活动。即便有些夸张，她的理论很有道理。留给企业和公众的教训非常简单：不要（总是）相信炒作。企业做出自我反省决定之前，他们应该深呼吸，审时度势。少数人可以制造很多的呼唤，但这不一定有意义。

忽视炒作可能是最好的选择，但这并不容易做到。人类比较强烈的情感，比如焦虑、恐慌和羞耻，都与生存有着不同程度的联系，经常会促使我们本能地选择道歉，即便是对于那些并不非常必要的事件。一旦我们的道歉欲望被那些可以从中获利的人激起，就很难忽视我们生存的本能了。

所有的道歉都变得富有新闻价值，能够吸引流量和赚钱。

这是媒体的过错。报道真正有新闻价值的事件，比如飞机失事、

69

石油泄露以及严重的企业不良行为（这些事件都需要公开道歉），与放大消费者与品牌之间细枝末节的摩擦是有区别的。我们看到的不断增加的公开道歉都是属于后者。所有的道歉都变得富有新闻价值，能够吸引流量和赚钱。所以，我们道歉的数量增加是因为要求道歉、做出道歉和报道道歉的激励手段太强大，无法抗拒。

第七章
专家不说"对不起"的道歉方式

| "行业术语"——处理危机的基石 |

| 处理危机可不只是道歉 |

| 擅自起飞 |

| 重新安置乘客 |

| "超压……火灾发生之后" |

危机公关

此次事件被描述为爆炸纯属误导。这只是由火灾而导致的超压。——阿科玛公司（Arkema）发言人，2017年8月31日。

对于公关人员来说，在危机中通过运用语言技巧撇清责任是一种诱惑。这种行为的目的不一定是要掩盖事实（尽管有些人可能是这样的意图），而是说服消费者和媒体从对企业更有利的角度看待问题。

但这种企图从未奏效，因为企业危机永远不是孤立事件，而是一系列相互关联的事件，公关响应不会成为这个链条上的薄弱环节。如果公关人员回避澄清事实，选择使用行话，那么公关响应就会成为故事的一部分，而公关团队会成为事件的一部分。

一、"行业术语"——处理危机的基石

2017年1月，来自安卡拉（Ankara）飞马航空公司（Pegasus Airlines）的PC8622航班遇到了一些问题，尝试备降在特拉布宗机场（Trabzon airport），这是一个建在悬崖峭壁上的小飞机场。飞机滑出跑道，摔下悬崖，最终停在离黑海（Black Sea）几米远的地方。机舱里弥漫着航空燃油燃烧的味道，人们惊慌失措，大喊大叫。消防员不得不给这架波音737—800飞机喷水灭火。

乘客尤克塞尔·戈尔杜（Yuksel Gordu）在接受路透社（Reuters）采访时说道："这是一个奇迹。我们可能被烧死，飞机可能爆炸，可能坠入大海。"尽管此次事件令乘客受惊、让航空公司非常头疼，但随着事件的发展，事件的后果很小，没有死亡，没有重伤，飞机似乎

第七章 · 专家不说"对不起"的道歉方式

也可以修复。但这仍然是一起飞机失事事故,公众对事故有知情权。

飞马航空公司并不一定这么认为。事实上,他们甚至并不一定认为这是一起小的飞机失事事故。因此,"什么时候飞机失事不是飞机失事"的答案就是,就像飞马航空公司的"冲出跑道事件"。就算乘客认为他们差点死掉也并不重要。飞马航空公司打算用行话了事。

如果上网搜索"冲出跑道事件",可以找到超过8000页包含这个关键词的页面。如果只限搜索新闻,还有300页。"冲出跑道事件"这个词并不难理解,很少用来形容反常的情况。它是公认的通用航空术语,用来描述飞机在不应该离开跑道的时候离开跑道的情况,比如,试图着陆。

这就是问题所在。这个术语也同样适用于以下情况:飞机偏离跑道几米,即便是没有乘客注意到;飞机从悬崖上坠入海中。它是记录和调查飞机事故时用到的行业术语,不应该被用来向媒体描述一个正在展开的事件。这个词对经历这次事故的乘客也是一种伤害。

当然,从技术上说,把飞马航空公司发生的情况描述成"冲出跑道事件"是正确的。同样的道理,把阿尔伯特·爱因斯坦(Albert Einstein)描述为专利办公室职员,把保罗·麦卡特尼(Paul McCartney)描述为翼乐队(Wings)的贝斯手,把乔治·福尔曼(George Foreman)描述为烧烤店销售员,也都是正确的。对事实进行陈述,以上描述都是准确的。但是忽略了描述的语境就会造成误导。

对于处在危机中需要有效沟通的企业来说,不恰当地使用行业术语是一种危险的习惯。拐弯抹角地胡扯永远存在。这就是为什么企业危机沟通中经常出现难以理解的描述,这也是为什么会有"行话"。

职业沟通者的工作应该聚焦于客户体验，彼此之间的沟通目标明确、一致。如果做不到，那么当企业底线模糊、无法辨别时，就会出现行话问题了。专业的沟通者应该极力避免这种情况的发生。

这不意味着要使用粗俗的语言，而是避免使用行话，说大家都听得懂的"人话"。一个好的避免使用行话的方法就是假设读者的年龄上到90岁，下到10岁，都要能够明白发生了什么。如果不能，再尝试一下其他的表达方式。

二、处理危机可不只是道歉

尽管在危机爆发时，清晰透明是企业公关的关键因素，但是，企业也需要谨慎行事以保护公众的隐私（就像2017年发生的艾可飞（Equifax）数据泄露事件），确保没有向网络犯罪大军提醒那些潜在的未加防护的客户数据缓存。

可惜，艾可飞公司就没有做到这一点。在数据泄露事件中，有1.43亿的客户受到潜在影响，公司应该向他们道歉。可事实上，艾可飞公司因延迟回应黑客攻击、完全无视客户焦虑、发布迷惑信息——他们要求客户提供社会安全号码以便检查数据是否被泄露，受到广泛批评。

没有含糊其词的谨慎行事是可行的。

最终，数据库网站被关闭，事件发展的时间序列混乱。《公关周刊》对此次事件评价得最准确的一句话是："艾可飞搞糟了它的漏洞。"

董事长兼首席执行官理查德·史密斯（Richard F Smith）在一份公司道歉声明中说道："这对于我们公司来说是一次令人失望的事件，

触及公司核心，也就是我们是谁、我们做什么。我向消费者和商业客户对于此次事件产生的担忧和失望深表歉意。"

用"令人失望"描述事件对客户的影响程度本身就是一种误导。未达到销售目标是令人失望的。在圣诞布丁口味测试中输给利德（Lidl）是令人失望的。而潜在泄露1.43亿客户的身份却是灾难性的。艾可飞最大的错误就是在满足客户迫切需求之前就谈论当前情况对公司的影响。道歉声明中还在吹捧公司在管理和保护数据方面的纪录，而这正是它没有做好的地方、需要为此道歉的事情（第八章将更详细地介绍这种特殊习惯）：我们为成为管理和保护客户数据方面的领军企业而自豪，并且，正在对所有安全操作进行彻底审查。我们非常注重保护客户数据，不管是否受到此次事件的影响，为了更好地向全美的消费者提供服务，我们开发了一套全面的服务组合。道歉声明的第二部分涉及第一部分没有提到的重要问题，包括安全保障措施和下一步的计划，也就是危机响应的关键要素。但是，令人失望的是，开场白为苍白的道歉和一场危机管理灾难定下了基调。

三、擅自起飞

大家可能会觉得我们专门挑选航空公司作为事例进行介绍。但是真的不是这样的。只不过，当你的商业模式涉及用一根金属管冲向天空，客户焦虑必然会融入运营方式中。因此，航空公司很少会发生"小问题"，对航空公司来说，行话在任何时候都没有帮助。令人迷惑的技术套话并非航空业独有，但是航空业无疑是运用行话战术将问题轻描淡写的冠军。这些事例为本章的介绍提供了源源不断的素材。

有一个快速思考实验：如果你看到1条来自美国排名第九繁忙的机场的官方推特账户发布的推文，写到1名航空公司员工未经授权，擅自起飞没有搭乘乘客的飞机，你会认为这可能是行政监管的失职，可能是没有填写正确的文件或是等待航空管制批准放行而谅解这种行为。

这样的想法大大低估了事件的严重程度。就像公众了解到的，事实是西雅图塔科马国际机场（Seattle-Tacoma International Airport）的一名机修工偷了一架飞机，驾驶了大约1个小时，做了一些空中翻滚动作，最终坠落到一个偏僻的岛屿。来自两个不同州的空军国家警卫队（Air National Guard）派出F15战斗机排查事故，在此期间，机场处于封锁状态。就像"冲出跑道事件"一样，"擅自起飞"的说法对消除质疑没有任何作用。

我们没有要求这些机构放弃他们的行为指南，像在酒吧聊天那样说话。但是，要求他们在使用专业航空术语词汇（Glossary of Obscure Aviation Terminology）时三思而后行过分吗？晦涩难懂的公司语言完全让可怕的局面变得轻描淡写。这并不是说西雅图塔科马机场必须道歉，而飞马航空公司确实欠公众一个解释，同时，这个解释应该让每个人都容易理解。

晦涩难懂的公司语言完全让可怕的局面变得轻描淡写。

"擅自起飞"事件还有很多问题尚未得到答案。员工是如何偷盗飞机的？机场采取了什么措施防止事件发生？模棱两可的说辞是没用的。公司发言人可能认为可以撇清责任，给予他们今后填补空白的空间，消除道歉的必要性。这是危险的假设。含混不清通常会适得其反。

回避向公众传递信息会让糟糕的局面变为历史性的丑闻。

四、重新安置乘客

韦氏词典（Merriam-Webster Dictionary）网站有一个巧妙的小功能。在每个词的释义下面会有一个提示信息，读者可以分享查找词条的原因。这些评论区和字典爱好者社区一样文明。信息交换往往可以开启人们对于生活、兴趣爱好、语言和词源的交流。

韦氏词典"重新安置"一词的释义评论区中，人们回应的语气和评论其他词不同，表达的情绪是愤怒的。"重新安置"词条下面最突出的评论以"奥斯卡'混蛋'，穆尼奥斯，美联航首席执行官……"开篇，后面的评论越来越糟糕。词典中大部分的评论是为了谴责一个人——奥斯卡·穆尼奥斯。有谁知道韦氏词典的评论区可以如此直截了当？

穆尼奥斯早就感觉到自己名誉问题的严重性了，因为在词典评论发布几天前，他做的道歉声明就成了一种"迷音"（meme）。作为美联航的首席执行官，穆尼奥斯送给我们一次最不真诚、最离奇的道歉（如果还能让我们在航空业再坚持一段时间）。穆尼奥斯一定觉得全网都在嘲笑他（这也不是美国唯一一次"迷音"危机），他说："这对全美都是一起令人不安的事件。我为不得不重新安置这些乘客而道歉。"

这些事情都归结为一个词："重新安置"。就像"冲出跑道事件"一样，这是一个合法的航空术语。通常用来表示如果航空公司不能为乘客提供他们预订的座位，需要将他们安排到另一个航班上的过程。引起混乱的并不是这个词，而是穆尼奥斯狡猾地试图将这个词用在不适合的语境中。

丑闻始于2017年4月，一件令人震惊的事件之后。视频中，一架正在等待从芝加哥奥黑尔国际机场（Chicago O'Hare International Airport）起飞的美联航飞机上，一名乘客被机场安保强行拖拽，浑身是血，尖叫不止。

航班虽然拥挤，但是没有超额预订。乘客大卫·道博士（Dr. David Dao）被强行要求放弃座位，改乘后续航班，以便让航空公司机组人员能够乘机。他提出抗议，说已经安排早上为病人问诊。新闻媒体报道，在演变为暴力事件之前，乘客曾威胁要打电话给律师。这段视频迅速在网上传播，美联航面临一场危机。

美联航从事件发生开始就处理得非常糟糕。穆尼奥斯谈到"重新安置"乘客的时候到底意味着什么？起初，穆尼奥斯大胆地采用"重新安置"描述事件，而实际情况与公认的"重新安置"完全不符，网络传媒别无选择，只能照本宣科。穆尼奥斯的闪烁其词和含混不清让人们觉得非常不安。

没有一家媒体对穆尼奥斯表示同情。美国全国广播公司财经频道表示："是时候'重新安置'首席执行官穆尼奥斯了。"讽刺网站城市词典（Urban Dictionary）发布了一个词条，定义为：为了安排航空公司机组人员乘机，工作人员殴打、暴力拖拽已付费乘客下飞机。

愤怒的不仅仅是网络。乘客们扬言要抵制美联航，午夜电台主持人吉米·金梅尔（Jimmy Kimmel）就此事发表了评论，美国参议院（United States Senate）要求芝加哥航空局（Chicago Department of Aviation）对事件开展调查。也许是受到穆尼奥斯对具有明显事实的事件避重就轻态度的影响，数据分析网站称：将浑身是血的乘客拖拽下飞机"不符合我们的标准操作程序"。很高兴知道这件事。

2017年对于美联航来说是糟糕的一年，对航空业也是糟糕的一年。这场特殊的危机被定义为当今时代的航空丑闻。这完全归咎于穆尼奥斯没有做出适当的道歉。比为你的所作所为道歉更糟糕的事情就是为你的道歉方式道歉。在另一个关于企业道歉的事例中，企业的行为方式不仅让自己陷入更尴尬的境遇，造成股价缩水，损害企业声誉，也给相关人员带来极大的痛苦。

穆尼奥斯的道歉方式非常糟糕可笑，以致他本人和美联航成了"重新安置"的代名词。联航快运（United Express）3411航班事件甚至有自己的维基百科（Wikipedia）页面。网络永远不会忘记他们。

比为你的所作所为道歉更糟糕的事情就是为你的道歉方式道歉。

五、"超压……火灾发生之后"

相较于化工巨头阿科马公司在位于得克萨斯州（Texas）克罗斯比（Crosby）的工厂发生爆炸之后的应对措施，穆尼奥斯成了危机沟通的样板。当地媒体正确地将已发生的情况定义为爆炸事件，而阿科马公司的新闻办公室却重新定义了采访的内容。他们的发言人不顾爆炸在物理和化学上的定义，反驳了爆炸的说法。

一名《休斯敦纪事报》（*Houston Chronicle*）的记者在推特上说：

阿科马公司澄清："爆炸的说法是一种误导。这只是火灾发生后的超压现象。"

这是企业推诿责任的言辞。无论是什么，应该很有趣。发言人的鲁莽和愚蠢让网络上立即涌现出迷音。阿科马公司至少应该吸取美联航的教训。

但是他们的言辞危及生命。除了向媒体淡化情况的严重性，还有更糟糕的情况，最先到达现场的急救人员的律师说："尽管发生了爆炸，没有任何阿科马公司的工作人员告知急救人员真实情况，导致他们任意在强制疏散区周围工作。"

律师？是的，律师，而且很多。写这本书的时候，阿科马公司已接到来自得克萨斯州两个县的多名居民和7名急救人员的起诉。他们以各种方式声明阿科马公司需要为他们受到的人身伤害和环境污染负责。

阿科马公司的公关团队非常笃定不将此次事件报道为爆炸事件，他们隐瞒了重要的安全信息，最终导致人员受伤。不仅他们自己淡化事件，还阻止媒体将此次事件定义为爆炸。《华盛顿邮报》(Washington Post)报道："阿科马公司对克罗斯比工厂爆炸事件的危机响应将成为危机公关的反面教材。"

我们完全同意。试图用行话摆脱困境会摧毁公众信任，掠夺企业的责任感。相当一部分公众无法和企业进行交流。这种方式也让企业在想得到重视的时候显得非常可笑。

从微妙的双关语、语义上的些许差别到彻头彻尾的行话，这种偷换概念的滥用修辞方式可能会愚弄我们一时。但是就像魔术师揭秘魔术一样，一旦让我们了解真相，就能识破这些诡计。错误的指示一下

第七章 · 专家不说"对不起"的道歉方式

变得非常明显,我们会想为什么以前没有发现,下次一定能识破。

公关演讲(PR-speak)也是如此。你听过一次就不会听第二次了。人们开始怀疑背后到底发生了什么,他们预料到会有欺骗。他们试图找到烟幕的尽头和事实的开端。所以,为什么要这么做呢?当顾客、**试图用行话摆脱困境会摧毁公众信任** 股东和媒体应该得到事实真相、通常是一个道歉时,为什么企业要选择含糊其词呢?用语言回避责任的方法很少奏效,烟幕公关对企业声誉造成的损害远比保护多得多。

第八章
薛定谔式道歉、语法偏差和借口

| 如何辨别薛定谔式道歉 |

| 我们如何做得更好？ |

| 语法的推诿能力 |

母盘药物测试实验室（Motherisk drug testing laboratory）的测试并未达到我们的高标准要求。——多伦多病童医院首席执行官迈克尔·阿普康博士（Dr Michael Apkon），2015年。

有条件的道歉，或是"虚假的道歉"，往往有一个很好的开端，随后会以"但是"或者"不管怎样"做转折，对安慰或平息被道歉者的情绪没什么意义。这些转折词预示着限制条件即将出现，会淡化已经表达的善意。这种道歉方式往往令人失望。我们非常抱歉这样说，但是这是事实。

虽然这种道歉方式已令人失望，还有另一种有条件的道歉比"对不起，但是……"更加让人难以接受，那就是自我满足的道歉方式。道歉者更倾向证明自己的无辜，以此作为真诚悔罪的筹码。来自安大略省（Ontario）的一位4个孩子的母亲就从毁掉她家庭的机构那里得到了这样的道歉。

这位母亲最后一次见到她18个月和6个月的两个小女儿是在2008年9月。这天，在位于安大略省基奇纳镇（town of Kitchener）的教堂地下室召开了监管会议，这里离这位母亲住的地方很近。

她并不知道这会是最后一次见到两个女儿，2009年法官判决将她的两个女儿送进了安大略省的福利院。她们被不同的家庭领养，没有机会和妈妈相聚。

法官判决的依据是2008年这位母亲的发丝可卡因测试结果呈阳性。发丝测试是由多伦多病童医院（Hospital for Sick Children）母盘药物测试实验室完成的。加拿大数千个家庭案例中都使用了这项特殊的测试,测试结果可作为滥用药物的证据。

但是有个问题,这项测试是有缺陷的。孩子被带离母亲之后,记者雷切尔·门德尔森(Rachel Mendleson)透露,利用母盘实验室的设备开展的有缺陷的发丝测试"破坏了加拿大上千个儿童保护案件"。事实上,在进行发丝检测之前,这位母亲已经提供了近70份检测阴性的尿样。

这是加拿大的一大丑闻。由已退休的前省法院法官朱迪思·比曼(Judith Beaman)主持开展了一项审查,这项审查在2007年结束,审查结果彻底否定了这些测试。比曼认为,这些测试"对56个案件的审理结果有重大影响,其中7个涉案家庭得到了法律补偿,4起案件涉及的儿童被送回到父母身边"。

多年来,病童医院的首席执行官阿普康博士一直拒绝承认母盘实验室的检测结果造成孩子被带离原生家庭的罪行,审查结束后,他发表了如下声明:"我们对母盘药物实验室的测试没有达到高水平要求深表遗憾,我们向因此事受到负面影响的孩子、家庭和机构表达诚挚的歉意。"

真是一团糟。这是最糟糕的量子超级道歉——薛定谔式道歉。就像薛定谔的猫存在两种叠加的量子态,在被看到之前既是死的又是活的,阿普康似乎也存在两种矛盾的状态:悔罪和无辜。

我们进一步分析一下这个道歉声明。尽管事实上首席执行官在为灾难性的运营失败道歉,但声明的第一句却标榜了机构的"高水平",这两件事是完全互斥的。当测试方法被否定,测试结果给众多家庭造成重创时,就不应该再谈论测试的"高水平"了。

通过预先做出道歉声明，母盘实验室希望事态向有利于自己的方向发展，企图将医院置于本无权占有的道德高地上。他们本应该为这种不可信的测试向受到影响的人们道歉，但是他们却设法寻找谈论机构优点的机会。

受害者们被怂恿相信他们的遭遇只是例外。

这种表达悔罪或是弥补伤害的方法实际上是没有意义的。它只能迫使受害者不得不通过企业言过其实的自我形象的镜头来了解自己的境遇。受害者们被怂恿相信他们的遭遇只是例外，这不公平。

一、如何辨别薛定谔式道歉

这种类型的道歉有相似的模式，典型特征就是融入道德许可（道德许可：企业有明确的道德标准，而企业行为往往违背这项道德标准）的概念，被称为"机构例外论"。首先，要想识别道德许可，就要注意像"我们致力于……""我们对……深切关注""我们拥有……的最高标准"这样的措辞。通过使用这样的设定，薛定谔式道歉者通过他们刚刚说过的或是即将说的话来夸大自我形象。尽管被道歉者不一定认同这些方式，但是道歉者还是会这么做。

道德许可总是会出现在忏悔之前。如果你喜欢的餐厅发表声明"我们致力于遵守最高的食品卫生标准……"，你可能就明白接下来会发生什么了。道德许可总是让我们对事实产生怀疑。

道德许可之后就出现了机构例外论："我们未达到高标准要求"或是"我们这次辜负了客户的期望"，这是薛定谔式道歉者的自我表扬，将当前情况描绘成偶然发生的不幸事件,而事实往往并非如此。但是这不是重点。被道歉者并不会因为知道他们的遭遇是例外而得到补偿。这也不是什么新把戏。就连我们在本书引言中称赞的莫斯兄弟的道歉也是这么做的:"这是公司自成立以来第一次发生这样的事情。"我们学会了原谅道德许可,因为我们庆幸得到了道歉。

当食品零售商合作公司被发现违反监管机构的供应法规,并因其对待供应商的方式受到严厉批评时,公司就会发布典型的薛定谔式道歉。合作食品公司的发言人在一份声明中说道:"我们非常关注和供应商之间的关系,我们为在这两个方面未达到通常的高水准要求表示歉意。我们已经解决了与格拉斯哥酒精委员会(GCA)及我们的供应商之间的问题,同时希望调查能够有助于帮助我们发现更多的问题,以便我们能够尽快改正。"这并不是合作公司认同的道歉方式。

道德许可总是会出现在忏悔之前。

在危机管理中,这样的企业声明是对事件严重的不重视。虽然机构"非常关注"可能是事实,但是关注并不等于行动,而且这对被道歉者并不重要。非常关注不足以防止合作公司道歉的事情发生。显然,这与他们正在道歉的事情无关。

受影响的供应商会因为合作公司深切关注与他们之间的关系而感到欣慰吗?也许不会。他们只是期望合作方能够遵从被忽视的行业法规规定,正确对待与他们之间的合作关系。

同样,位于斯里兰卡(Sri Lankan)血汗工厂的工人们,每天在狭小的环境中为藤藤公园(Ivy Park)品牌制衣,每小时只能赚64美分,藤藤公园是流行音乐巨星碧昂丝·诺尔斯(Beyoncé Knowles)的自创时尚品牌，公司为拥有"严谨的道德商业计划"或"为工厂自我检查和审查不断努力"引以为傲，但实际上存在着明显的问题，当工人们了解到这些事情时，他们会得到任何补偿吗？

这种特朗普式（Trumpian）的自我欣赏对任何人都没有用，只是噪音而已。迈克尔·尚克（Michael Shank）博士和马克辛·贝达（Maxine Bedat）在《赫芬顿邮报》上发表的文章中提道，藤藤公园的用工制度问题是几乎每个主流品牌社会责任部门的共性问题，他们反驳了企业回应的全部内容，并称之为"完全不负责任"。

独立来看，企业的这些托词也许无伤大雅，甚至是微不足道的。但是当把这些事情放到一起，他们让整个公关行业难堪。下面将介绍5个拙劣使用公关用语的事例，以及媒体对事件的描述：

艾可飞公司发生的数据泄露事件可能影响到1.43亿客户，可能"成为公司历史上最昂贵的黑客行为"，在此事件发生之后，公司董事长宣称"我们以成为数据管理和保护方面的领军企业而自豪"。

三星公司召回了数百个被发现会"着火和自燃"的Note7系列设备，此后三星的广告说道："最重要的是，确保安全是我们的第一要务。"

在检查人员"发现有老鼠出没，厨房和服务区布满灰尘、污垢和油脂"之后，肯德基的发言人声称"我们非常重视卫生"。

第一巴士公司的一辆巴士在一个安静的苏格兰村庄外突然起火，事件发生后，公司发言人声称"保证乘客和员工的安全是我们的重中之重，是我们的第一要务"。

在审查发现他们的（癌症）筛查试验测试出现不同结果，并建议其尽早采取措施之后，爱尔兰（Irish）宫颈筛查计划的发言人发表声明:"我们致力于保护女性的健康,并始终为她们分享个人护理的信息。"

二、我们如何做得更好?

企业道歉时,会出于本能转移公众注意力和重新定义事件。但是如果企业要表达有诚意的道歉,就应该做得更好。薛定谔道歉模式很简单:先谈谈你的优点,然后告诉我们失败的发生是罕见的。但是这不是道歉,而是借口。公关专家习惯于突出企业优点,以弥补他们的道歉。网上甚至还有一些模板,比如网站信函、模板(Templates)以及沟通百分百(Comm100),这些道歉模板都鼓励道歉者强调错误发生的罕见性,属于异常事件。

除了歌颂自己的优点,机构还可以通过不同的道歉方向、明晰客户需求传达更有影响力的信息。比如:客户的隐私非常重要,非常抱歉让客户失望了,以下是我们采取的补救措施。

机构应该排除自身和他们的优点对道歉的影响,关注被道歉者,承担应有的责任,应该确保理解被道歉者的需求。

三、语法的推诿能力

道德许可并不是道歉者用来摆脱困境的唯一工具,精心使用的语法可以帮助机构有效撇清法律责任。语法可以通过多种方式塑造语言。合理精准的语法可以形成坚定的句法结构,用来增加确定性,消除疑问,支持我们的观点。而错误使用语法技巧会增加疑虑,混淆视听,甚至是逃避责任。下面是公关人员在企图不做出道歉时滥用语法的方式。

1. 情态动词

在上文介绍的道歉案例中，母盘实验室就以情态作为隐形的斗篷企图掩盖自己应该承担的责任。当提到受害者时，他们的措辞是"可能被影响"而不是"被影响"，试图尽可能避免承担全部责任。他们可能也会说"对不起让您难过了，但是……"。不管企业是否自愿道歉，对公众产生的影响都不会改变。在道歉时使用像"可能""也许"这样的情态动词就是一面红旗，会让企业的借口探测器立刻报警。这些情态动词可以用来描述不能完全确定的情景和不一定发生的事件。

这是剥夺被道歉者知情权的非常卑鄙的方式。如果火车司机为"可能遇到的延误"向乘客道歉，但他们明显要表达的是"你将遇到的延误"，他们采用情态动词做表面上的道歉，这让人非常气愤。

因此，想象一下，用这种"可能已经"发生的理论术语来对待实际存在的痛苦是怎样一种伤害。母盘实验室以一种轻蔑的消极方式作为声明的结尾，这只会让已经非常糟糕的道歉变得更糟。这种利用情态动词的道歉说辞适合于已经分居的家庭，而不是哈克多夫铁路的乘客。

2. 被动语态

"错误被酿成、教训被吸取……"是典型的被动语态。被动语态将语句的结构翻转，宾语变成了主语。"我犯错"变成了"错误被酿成……""我碾了你的狗"变成"你的狗被碾了"，诸如此类。这是一种非常简单的逃避责任的方式。

在题为《英语语言的政治》（The Politics of the English Language）的文章中，乔治·奥威尔（George Orwell）列举了各种困扰英语语言的"精神疾病"，并推荐读者"在可以使用主动语态的时候永远不要使用被动语态"。同时，他也表示"如果你能想到日常用语的表述方式，永远不要使用外来词、科学词汇或是行话"。然而，很显然，如今的企业发言人在精准沟通时并不认同他的观点。尽管奥威尔给出了明确的指导意见，但是公关团队仍然热衷使用被动语态。

公关团队仍然热衷使用被动语态。

继搞砸了奥斯卡颁奖礼（Oscars）获奖者的卡片之后，2017年2月，普华永道会计师事务所（Pricewaterhouse Coopers）制订了被动道歉的黄金标准。他们递给沃伦·比蒂（Warren Beatty）错误的信封，在费伊·邓纳韦（Faye Dunaway）念出错误的获奖者之后才发现错误。

普华永道通过社交媒体表示："我们为最佳影片颁奖时出现的失误道歉，对《月光男孩》（Moonlight）、《爱乐之城》（La La Land）、沃伦·比蒂、费·唐纳薇（Faye Dunaway）和奥斯卡的观众深表歉意。主持人拿到了错误的奖项信封，当错误被发现时就立刻得到了改正。我们正在调查事故的原因，并对此深表遗憾。我们对提名者、美国电影艺术与科学学院（the Academy）、美国广播公司（ABC）和吉米·金梅尔（Jimmy Kimmel）的谅解表示感谢。"

道歉声明中，23%的语句使用的是被动语态。如果普华永道有勇气完全承认错误，声明可能会是这样：我们为最佳影片颁奖时出现的失误道歉，对《月光男孩》《爱乐之城》、沃伦·比蒂、费·唐纳薇和奥斯卡的观众深表歉意。我们递给主持人错误的奖项信封,当我们意识到错误时就立刻改正了。我们正在调查事故的原因,并对我们犯的错误深表遗憾。我们对提名者、美国电影艺术与科学学院、美国广播公司和吉米·金梅尔的谅解表示感谢。

语态的简单变化让这个道歉声明看起来更加真诚,关键是更加可信。机构在道歉时排斥使用主动语态,这是因为他们担心使用主动语态会过度突出他们的错误。其实并非如此。

也不是所有的沟通都应该使用主动语态。正如《经济学人》(The Economist)断言,主动语态也可能会回避问题,比如,"我们正在成立调查委员会以查明事件原因,从而避免类似事件再次发生",这份公司声明虽然在语法上使用了主动语态,却透着奸诈。

在这种情况下,应该严肃对待普华永道。他们采用被动语态的道歉方式只是为了弱化自己的过失。尽管出现的错误会损害名誉,他们仍然认为最好不要道歉。宾夕法尼亚大学(University of Pennsylvania)的官方微博评论:"昨晚奥斯卡颁奖典礼闹出的大乌龙是一个无施事被动语态混淆视听的清晰案例。"

路透社记者杰里·多伊尔(Gerry Doyle)在推特上写道:"道歉中的最佳被动语态奖项应颁给……"《纽约时报》记者凯蒂·罗斯曼(Katie Rosman)则调侃道:"这是道歉中使用被动语态的最佳案例。"

真是太可惜了。除了使用被动语态,参考美国政治顾问威廉·施耐德(William Schneider)创造的"过去免责时态",普华永道的道歉方式完全正确。他们的道歉响应速度很快,以一种迂回的方式承认了自己的责任。或者我们应该说,"责任被承认了?"他们简单聚焦了由于他们的失误而受到影响的人,甚至承诺要彻底调查清楚事件原因。因此，一段时间内公众对其的态度都会比较仁慈。

普华永道为在全世界面前的失态行为感到非常尴尬，顶着如此大的压力解决问题，他们需要进行反复推敲、仔细考虑，随后着手去做。普华永道用76个字为我们上了宝贵的一课，告诉我们如何毁掉一个不太体面的道歉。

3. 不定冠词

不定冠词也可以用来撇清责任。狡猾的发言人会将事件描述为"一场爆炸"或是"一架小飞机失事"，而不是"这场爆炸"或"这架飞机失事"。这样的说法暗示可能有其他值得关注的爆炸事件。这是一个很小但是很重要的偏差。

2018年8月，一列火车上的一盏灯掉落，砸中了一名乘客的头部，乘客理所当然认为应该有人为此道歉。谁不会这样认为呢？然而，他得到的只是模棱两可的说辞，我们也不确定发生了什么，尽管干涉不了是否有灯具掉落，是否砸中乘客的头，但是公司非常重视乘客安全。

西部大铁路（Great Western Railway）的发言人告知当地媒体（作者强调）："我们了解到一起事件，列车上的照明灯金属网罩松脱，砸中一位乘客。幸运的是，乘客没有受伤，不需列车工作人员的治疗，可以继续他的旅行。我们非常重视乘客安全，正在详细调查这一事件的原因。"

这个声明非常令人失望。第一，声明中没有出现"对不起"。第二，在谈到"一起事件"之后，发言人似乎以被动语态的形式着重强调乘客没有受伤。因此，乘客实际上没有受伤，可以继续旅行。

如果发言人换一种说法"我们了解到列车上的照明灯金属网罩松

危机公关

脱,砸中一位乘客……",表达的含义会有什么不同呢?

如果被灯罩砸中的乘客认为西部大铁路在暗示他在小题大做,这种想法是可以理解的。当然,西部大铁路已经重复说明了三次也是最后一次,尽管列车上的照明灯金属网罩松脱,砸中了乘客的头部,但是他们非常重视乘客安全,这样的事件本不应该发生。

在发生公共汽车车门夹住儿童事件之后,关山飞渡(Stagecoach)公共汽车公司采取了同样的方式逃避道歉。

关山飞渡的发言人告知当地媒体:"我们了解到,周三发生在我们的一辆公共汽车上的事件——一家人中途下车。保证旅客乘车安全、享受舒适的旅途是我们的第一要务,我们已经与乘客沟通,帮助我们调查事件原委。我们很庆幸小男孩伤得不重。"

这是一个集被动语态、不定冠词和行话为一体的高级的量子超级道歉(除了运输业之外,谁会用到"下车"?)。

孩子的母亲说:"我真的只想得到公司合理的道歉。"

企业使用这些语法的行为要归咎于法律专业。多年来,法律团队一直鼓励新闻官在声明中采用模棱两可的说辞,避免承认具体的过失,因此,对诉讼的恐惧是企业声明的主要污染源。一旦公众看到了,就不能当没看见。类似的情况比比皆是。企业以这些模棱两可的语言作为挡箭牌,实际上是在自欺欺人。

无论是为了规避责任,还是承担责任,含糊其词、模棱两可的语言是人们最不愿意听到的。运用行业术语摇摆不定或是夸大其自身优势都不可能是真的要承担责任,这只会让大家感到难以理解,并对你和你的企业产生怀疑。简洁准确的行业承诺可以省去很多不必要的麻烦。

第九章
危机疲劳和定量道歉的案例

| 先发制人 |

| 悔悟的范围 |

| 定量的理由 |

在外行人看来，很多机构的道歉热忱是出于保护声誉的本能，是一种条件反射。道歉绝对是危机沟通策略的关键环节，是企业止损的关键，而且可以维系消费者对企业的信任。这很重要。有时，公众应该得到道歉，这时企业选择道歉就是正确的做法。如果企业这样做了，就有可能控制局势，进而解决问题。

但是，有时并不是谁应该被道歉以及是否接受道歉的问题。市场决定需求，批评你的人往往和你一样重要。因此，在琼恩·朗森（Jon Ronson）的《千夫所指》一书中，他把对呼唤大企业的渴望归因于对既定权利机制的逆转。渺小的消费者群体拥有了可以与大公司较量的平台，他们非常乐意使用这个平台。当然，对于一些媒体来说，这是他们的生存之道。就像我们在第七章中介绍的，媒体对此也是喜闻乐见的。

朗森认为，社交媒体和其他线上平台已经使竞争环境趋于公平。在这样的环境中，任何人都可以对抗商业巨头，引起的社会反响都非常大。以第六章中提到的香农·瓦茨（Shannon Watts）女士为例，她羞辱了美联航，宣传了紧身裤门的话题，同时还在《时代周刊》杂志上拥有了自己的专栏。她说："这些商业巨头正在被那些曾经势单力薄的人打败，这个人群就是拥有社交媒体账户的博客作者。"

虽然朗森说得没错，如果没有社交媒体，大多数人在对抗商业巨头方面都无能为力，但是我们真的打败"巨头"了吗？或者，这些弱势群体只是打败了和他们势均力敌的人，而这些人恰巧在大公司工作？表面看来，对于弱势群体来说，获得大企业的道歉似乎就是巨大的胜利。

第九章 • 危机疲劳和定量道歉的案例

事实往往并非如此。如果大企业的社交媒体账户成为消费者抵制的对象，被成百上千条充满愤怒的信息围攻，这样的事件很少能够进入董事会的议题中。通常情况下，社交媒体主管或是一个小团队为了保住自己的饭碗，会负责处理这些事务。

如此，现实变得更加清晰，并非总是弱势群体需要道歉。在对美联航和他们的性别歧视紧身裤政策的众多评论中，最著名的就是"所有女性"下决心对不公平对待表示抗议。这只是部分事实。瓦茨也是一位经验丰富的危机管理顾问和政治活动家，拥有自己发展中的社交媒体平台，她是全副武装在战斗，瓦茨强调有问题的企业行为可以获得潜在的回报。

对于弱势群体来说，获得大企业的道歉似乎就是巨大的胜利。

如果不是大卫（David）和歌利亚（Goliath）之间势均力敌，而是很多大卫对战一两个大卫，形势就会发生变化。在危机疲劳出现前，沟通团队应对负面关注的能力是有限的。解决问题所需付出的精力和努力往往被低估。

一、先发制人

莱斯利·班布里奇（Lesley Bambridge）经营着一家伦敦营销和沟通咨询公司——我们是认真的（We Mean Business）。公司成立之前，莱斯利（Lesley）在一家知名的功能饮料品牌公司工作，该品牌赞助了真人秀节目《名人老大哥》（*Big Brother*）。在一次访谈中，莱斯利讲述了她的亲身经历，为应对公众愤怒的风险需要付出多少努力："现在任何事情都有可能升级。我们集思广益，确认所有可能发生的明显的和最坏的情况，预设问题和答案，这样客户服务和公关部门对于这些特定情况可以统一口径，准确作答。在《名人老大哥》和《无糖》（Low Sugar）的运作中，我们为应对不同的风险群体设置了一套问题和答案，媒体、有影响力的人、名人、压力集团和拥有大量粉丝的社交媒体用户都是潜在的风险源，因此，有必要提前制订应对策略。我们有充足的资源和规程来满足快速响应的需求。"

正如我们后续将要探讨的，知名社交媒体用户不仅仅能够影响消费者，而且对大企业也有惊人的影响力。这种权利转移对企业的危机策略和响应措施都有影响。在谈到"巨大"压力时，莱斯利描述了他制订的防范风险规程："《名人老大哥》播出期间，以及《无糖》发布之后的数月中，我们会收到工作人员关于社交渠道监控及品牌推荐的日报、周报和月报。如果有需要，我们会升级软件和规程。在企业保护方面投入的资源和时间成本是巨大的。这是非常必要的资金投入。"

与莱斯利稳健但是花费巨大的策略不同，我们后续将研究的一些企业危机管理的习惯属于"战术绥靖"。一旦出现潜在的危机，企业似乎更愿意象征性地应付，而不是评估自己的责任或不足，并在此基础上进行有效沟通。动物行为学家非常熟悉这种行为。

二、悔悟的范围

在有统一的评价标准之前，道歉太多是一直存在的问题。我们要求的道歉太多，做出的道歉太多，报道的道歉也太多。同时，企业也习惯忽视悔悟的范围,完全曲解了"对不起"的含义。一些企业甚至完全放弃了责权相称的原则。这表明,企业在面对批评和解决问题时是存在焦虑的。

一方面,乐购为把黑豹(Black Panther)电影商品错当"黑豹(Dark Panther)"发售向一些影迷表达歉意。另一方面,当瑞安航空(Ryanair)的一架飞往克罗地亚的飞机紧急备降在德国,33名乘客需要住院治疗,其中一部分乘客受到飞机突然下降的影响导致耳朵出血,一些乘客没有住宿时,航空公司发表的声明中"对给您带来的不便表示歉意"的说辞却相当随意。

说实话,乐购的道歉有些小题大做,而瑞安航空应该做得更多一些。比较而言,这两个例子表明了企业对待道歉完全不同的态度。

想象一下。一种极端情况,在人行道上妨碍到别人就道歉。另一种极端情况,碾过邻居的狗才可能略显悔意。对于违法主体和事件对象是两种截然不同的情感状态,应该有完全不同的处理方式。然而,企业一直没有理解这一点。如果不能在道歉中表达合适的同情心和悔意,有时表现得太夸张,有时又不够诚恳,会扭曲道歉的本来面目,最后可能变得非常可笑。比如这则道歉声明:上个月,一位顾客位于旧金山的家惨遭客人破坏。当得知这件事时,我们心里一沉。我们惊呆了,在过去的四个月里,我们真的把事情搞砸了。

悲惨?惊呆?这是2011年爱彼迎(Airbnb)对一位顾客家中遭到破坏做出的回应。毫无疑问,他们想表达出真实和诚恳的态度,但是这样的道歉明显过分了。这种夸张的声明存在的问题显而易见,他们压缩了情感空间。如果再描述让你觉得惊呆了的破坏公物"悲剧"时,就没有适合的表述方式了。

因此，2017年，爱彼迎的一位客户在澳大利亚被房东杀害，在这种绝对需要强烈情感表达态度的场景中，爱彼迎发布的声明为"深感悲痛和愤怒"，相比之下，语气就弱了很多。他们的情绪表达顶峰出现得过早。

与现实生活类似，企业道歉应该是一种稳定的连续变化的过程，从"哎哟，对不起，伙计"逐渐发展为"我希望有一天你能够原谅我"。但是，事实上，由于企业极其敏感，会出现一系列情绪的高峰和低谷。如今，"对不起"有很多含义，可以是"请不要再给我们发微博"，也可以是"是的，我们犯了一个严重的错误"。基于这些考虑，如果消费者不再相信企业的道歉，也不足为奇。

三、定量的理由

道歉问题重要的组成部分就是信噪比。听取意见和道歉之间的界限变得模糊。太多企业认为应对消极评价唯一的方式就是道歉。这导致企业道歉质量参差不齐，我们根本不明白他们在说什么。但是，什么机制可以让企业不再这么做呢？想象一下，如果企业道歉要征税会怎样。每位企业发言人都会担心浪费公司资金。因此，企业会变得更富弹性，对批评的敏感度也会降低。

这件事在2019年很难论证，但是我们需要减少道歉数量，而不是增加道歉。质量胜于数量。这个时代的公关行业有一个错觉，那就是我们应该道歉。但是，不管是从商业角度还是从道德角度，这显然是错误的。

如果要把道歉从无关紧要的深渊中解救出来,就需要企业立场更加坚定。我们必须学会接受批评,而不是本能地选择道歉,做出我们并不期望的承诺。如果你对坚定立场充满忧虑是可以理解的,这时可以再想想道歉会产生的不利因素,在不必要的情况下道歉会影响你的事业。参考英国前首相戈登·布朗(Gordon Brown)的事例。

由于对他人的评论被窃听,戈登·布朗2010年的连任希望受到重挫。然而,影响他连任的不是评论而是道歉。

布朗坐在自己的车里,谈论几分钟前被他责问过的女人,称她为"那个偏执的女人"。虽然这是私人言论,但是对于媒体来说,是不可错过的爆料。尽管如此,布朗还是乖乖地道歉了。

我们必须学会接受批评,而不是本能地道歉。

当你面对的危机以"门"为后缀时,你就有麻烦了,"失言门"被认为是布朗连任竞选的转折点。喜剧演员乔恩·斯图尔特(Jon Stewart)谈到这一丑闻时说:"你真的看到了一个人政治生涯完结的那一刻。"

但事实是,布朗没有真的为他的言论道歉,毕竟有很多人支持他。布朗的问题只是被发现对他人的某些评论,而理论上是需要为此道歉的。这家公开他私人评论的媒体随后要求他向评论中的那个女人道歉,布朗别无选择。

和众多道歉对象一样,接受道歉的这位女性获得了短暂的关注,出现在英国广播公司新闻之夜(BBC Newsnight)、天空新闻的新闻评论中,甚至接受了访谈,谈论她对未来选举的倾向。她成了早期愤怒文化的标志。另一方面，数月前曾被评为"年度世界政治家"（World Statesman of the Year）的现任首相布朗成了政治笑话，被这位来自罗奇代尔（Rochdale）的退休女性（布朗在车里评论的那位女性）打败。

被认为欠某人一个道歉是一种特殊的状态。这是一种既不退缩也不坚定立场的蛰伏状态。越是不做出道歉，越是会被公众讨论。一旦你做出道歉，就会创造一个新的新闻标题。这就是不应该道歉的原因，除非你真的认为自己做错了。

"失言门"也表明，媒体已经发生了巨大的变化，2010年尚处于萌芽期的愤怒文化以一种诡异而讽刺的方式拯救了布朗的竞选。如果2018年戈登·布朗再对这位女性发表同样的言论，那将会是一场公关胜利。新闻标题不会再是"公关专家批评戈登·布朗为诽谤言论做出的道歉"，而是"英国前首相戈登·布朗因种族歧视对一位女性表示愤怒"，这就是他不道歉的原因。

很少人会要求他道歉。在病毒式新闻标题的范例中，他会是英雄，而那位女性就是坏蛋。我们甚至不需要推测，因为上文描述的新闻标题并不是假设，而是在2018年真实出现了，只不过布朗的名字换成了加拿大总理特鲁多（Trudeau）。

2018年8月，特鲁多面临和布朗类似的问题，但是他没有道歉。这是一位不在意道歉的领导。非常庆幸，他为我们提供了一个活生生的例子，告诉大家不道歉的强大力量。特鲁多的处境与布朗基本相同。一位在任总理与公众见面，人群中的一位女性就移民问题发表了强烈的看法，总理称之为在他看来，结果出现了这样的新闻标题："加拿大总理特鲁多因种族主义怒斥一位女性"，这就是他不道歉的原因。

布朗没有必要道歉,特鲁多的公关胜利证明了这一点。然而糟糕的是,他错失了证明自己反偏执立场的机会,这也是让公众重新关注竞选中存在干扰因素的公开邀请。也许这就是英国。

麦克·赖特(Mic Wright)在《新欧洲报》(*New European*)上讨论了2018年8月公众对英国前内政大臣鲍里斯·约翰逊(Boris Johnson)罩袍言论的道歉要求,差不多可以解释我们的问题。他谈论了布朗的处境:"英国有道歉的文化,他们把道歉作为社会润滑剂,而不是真正的悔恨。这让我们的邻居感到非常困惑,尤其是认为应该为真正觉得后悔的事情道歉的法国和德国。"

道歉有点像一次性塑料袋。

布朗不应该道歉。避免引导舆论是被称为布朗主义(Brownism)的企业原则。通过研究布朗主义和前任首相的布莱尔主义(Blairism)的主要区别,政治分析家尼古拉斯·琼斯(Nicholas Jones)甚至关注到,"失言门"出现四年之前,布朗就不愿意通过引导舆论摆脱困境:"在引导舆论方面,布朗与彼得·曼德尔森(Peter Mandelso)和阿拉斯泰尔·坎贝尔(Alastair Campbell)有重大分歧。白党(Brownites)憎恶布莱尔先生对媒体炒作的依赖。"

如果布朗有类似彼得·曼德尔森和阿拉斯泰尔·坎贝尔这样的左膀右臂,他们会建议布朗开发支持他坚定立场的资源。此外,我们也会因公众言论中少一个不够真诚的道歉而受益。

从这方面说,道歉有点像一次性塑料袋,是有使用目的的,但是如果我们免费发放,可能就会被浪费。我们相信,公众和企业应该可以定量道歉。

第十章
与你无关：首席执行官如何破坏自己的道歉

| 托尼·海沃德——英国石油公司 |

| 简单点 |

没有人比我更想结束这一切，我希望生活重回正轨。——英国石油公司首席执行官托尼·海沃德（Tony Hayward），2010年6月。

有很多种方式可以毁掉一次道歉。拒绝赔偿、程序不透明、不愿意或没能力纠正错误，任何一种方式都可以。只要采用其中一种方式，即便是最受欢迎的道歉也达不到预期效果。不过对于那些急于道歉、希望亲眼看到自己的道歉落空的人，这是一条通往失败的捷径。如果想尝试失败，就为你自己道歉吧。

尽管明显会对声誉造成损害，但一些企业似乎致力于让自己陷入更尴尬的境遇、放大他们应该承担的责任。第八章中，我们研究了薛定谔式道歉现象，企业通过标志性的语言炫耀自己的优点，以平衡他们应该为之道歉的行为。这种既损害企业声誉，也不能慰藉道歉对象的清清嗓子式的道歉做法在我们的研究中很常见，但我们至少可以理解这些企业行为。企业给自己树立了一个良好的形象，当处于困境中时，试图借助以往良好的口碑请求原谅是企业的本能。这种情况要归咎于企业的脆弱。因此，虽然不鼓励这样的道歉方式，但是我们也是可以理解的。

向被道歉者道歉。 很难理解这种自尊心。道歉最重要的原则就是明确道歉对象，如果违背了这个原则，这样的道歉是糟糕的。为什么企业发言人会搞砸自己的道歉，引来更多的嘲笑和批评？这明显对维护声誉是没有好处的。如果我们是善意的，可能会把这些行为归因于巨大的公众监督压力。

第十章 · 与你无关：首席执行官如何破坏自己的道歉

一、托尼·海沃德——英国石油公司

2010年，英国石油公司深水地平线号石油钻井平台发生石油泄露，即众所周知的"英国石油公司原油泄露事故"，这不仅仅是一场环境危机，钻井平台上11人丧生，17人受伤。从事件开始，英国石油公司就面临众多公关挑战。钻井平台持续漏油，英国石油公司的股票价格下跌。潜在的影响远远超过事故本身，英国养老金持有人、美国沿海社区以及动物福利团体都因此感到焦虑。

而这场灾难的责任方归属问题又增加了事件的复杂性。美国媒体多次将英国石油公司描述为"英国石油（British Petroleum）"，这个名称自1998年该公司与美国化工石油巨头阿莫科（Amoco）合并以来就再未使用过。而英国石油公司一直将这次事件描述为"墨西哥湾石油泄露"。奥巴马总统则称之为"英国石油公司漏油事件"。从一开始，关于漏油事件的公关就是一团糟。

英国石油公司试图努力管控事件信息，但公司高管对于漏油事件的严重程度和预计清污时间的说法相互矛盾。一开始，并不清楚漏油是否会蔓延到佛罗里达（Florida）海岸，还是仅限墨西哥湾。暂且不考虑对海洋动物和环境的影响，只对美国渔业和旅游业影响的严重程度而言，这场事故就比漏油本身的影响高几个数量级。

英国石油公司的英国首席执行官海沃德是一位地质学家，在他的同事印象中，海沃德是以直言不讳、实事求是的沟通方式著称，而他因为"泄露影响微乎其微"的言论受到批评。他不应该这么说，至少在他了解清楚情况之前不应该这么说。漏油的范围尚不明晰，在他发表言论时，受损的钻井平台正在向墨西哥湾注入300万升石油。

会漏这么多油吗？除非你了解石油泄露，否则很难理解。但是，这对普通民众来说似乎非常重要，这才是真正对他们有意义的事情。相反的，对事件的凭空猜测是不受欢迎的，海沃德对此并不了解。但就体积而言，这将是石油制造业历史上最严重的海洋漏油事故，从太空中都可以看到海面上的浮油，这样的说法并不是夸张。

海沃德在很多方面都犯了错误。他无根据地猜测，试图逃避指责。在英国广播公司四台《今日秀》（Today show）节目中，他说："这场事故的责任方不是我们。"他甚至侮辱美国，暗示美国企业试图利用英国石油公司。他在接受一名记者采访时，被问到赔偿问题时说道："拜托，责任方是美国。我们会有很多不合规的要求。我们都知道。"

海沃德将经历一场噩梦。然而，尽管他有很多失误，但这只是试图为言论道歉时的即席评论，这些言论将英国石油公司的漏油事件最终定格为一场公关灾难。面对各方压力，海沃德开始道歉。

"对不起，"他说道。到此为止情况都还不错。悔过的意愿强烈，表达简单，这是企业道歉常常缺少的。他继续说："我们为给公众的生活带来的巨大困扰深表歉意。"表达得还是很好，非常好。海沃德承认了危机对受害者的影响，随后补充道："没有人比我更想结束这一切。"

当前，我们的处境非常危险，这都不是海沃德想要的。他应该关注受害者，告诉他们企业即将采取的补救措施。然后，可能意识到自己开始即兴发挥了，海沃德就结束了讲话："我希望生活能重回正轨。"

这是一场灾难。英国石油公司的危机管理将因为首席执行官希望

第十章 • 与你无关：首席执行官如何破坏自己的道歉

生活重回正轨而被铭记。有人因此事丧生、环境被破坏、花费数百万美元，8年后，整件事仍然因为海沃德的呻吟而成为典型。甚至有一本名为《我希望生活能重回正轨：企业人格和英国石油公司的石油泄露灾难》的学术作品。

第二天，海沃德为他之前的道歉言论道歉："此前，我没有经过深思熟虑，发表的言论对他人造成了伤害。我向在这场悲惨的事故中丧生的11人的家属道歉。言语不能完全表达我对这场悲剧的感受。我的首要任务是尽我们所能恢复海湾地区人们及其家庭的生活，是让他们的生活恢复正常，而不是我的。"

海沃德为自己辩护，他不是一位有经验的媒体沟通者。作为一个不愿意面对媒体的首席执行官，如今却要面对大多数人难以接受的全球审视，但这并没有给11位遇难者的家人带来任何慰藉。英国石油公司最终邀请了曾担任美国前副总统迪克·切尼（Dick Cheney）竞选新闻助理的资深公关策略专家安妮·沃马克·科尔顿（Anne Womack Kolton）来处理这个事件。这充分表明了英国石油公司对事态发展的认识。最终，这些措施都没有奏效。海沃德随后主演了一系列道歉广告。然而，这也没有任何帮助。

道歉不容易，但也不要复杂化。

二、简单点

道歉确实不容易，但也不要把道歉复杂化。企业和他们的发言人在策划道歉时经常忘了道歉的核心功能，那就是表达遗憾、做出解释、承担责任、忏悔、做出补救、最后请求原谅，尽可能按照这个顺序进行。

对于被要求道歉的企业，反思事件对企业的影响比表现同情诱惑更大。这样做，企业不可避免会引来更多的批评和嘲笑。

海沃德不仅反思了危机对企业和他闲暇时间的影响，而且试图责怪他人，攻击油井所属公司的"人员、系统、流程"。他说："这场事故的责任方不是我们。"

这种"责怪他人"的危机管理方法不可避免地给对方造成负面影响。但是，对两家企业的财务状况都会产生实质影响。2015年，一项发表在《公司金融杂志》（Journal of Corporate Finance）上的研究中，分析了从1993年到2009年的150份新闻稿，在危机管理中，将责任归咎于他人的企业不久之后都遭遇了财务指标下滑，而那些承担责任的企业却财务状况稳定，有时甚至出现增长。研究还发现，当企业出现危机时，推卸责任的可能性是承担责任的两倍。

海沃德和其他人的这种自怨自艾式道歉表达的态度是："可怜的我，这不是我的过错。"这样的道歉方式有一个主要的缺点，他们示弱，缺少了必要的可信度。不管消费者、监管者和政客有多愤怒，处于危机中的企业唯一需要的就是信任。因此，如果你想在道歉中任性而为，至少不要表现出痛苦。

如果你想任性而为，至少不要表现出痛苦。

斯坦福大学拉里萨·兹·蒂登斯（Larissa Z Tiedens）教授对可信性认识开展了四项独立研究。其中一项研究要求参与者评价比尔·克林顿对莫妮卡·莱温斯基（Monica Lewinsky）事件的处理方式。他们观看了克林顿处理丑闻时不同应对方式的视频片段。当他表现出悲伤时，可信度下滑了。

第十章 · 与你无关：首席执行官如何破坏自己的道歉

研究的参与者不一定会原谅他，但是会更尊敬生气的他，而不是自怨自艾的他。这并不是说真诚的悔悟和同情不好，但是永远不应该像克林顿和海沃德这样。

自我反省的同时能够做出真诚的道歉，并有切实可行的改进措施，这样的自我反省是好的，可以帮助企业识别问题所在。我们刚才看到的这种自怜行为对道歉毫无意义。大家都承认道歉很难，道理很简单，道歉与道歉者无关。

第十一章

继续努力:为什么世界三大品牌会道歉三次

| 脸书 |

| 美联航 |

| 棒约翰——事不过三 |

这对全美都是一起令人不安的事件，我为不得不重新安置这些乘客而道歉。——美联航首席执行官穆尼奥斯，2017年4月10日。

这次飞行中发生的可怕事件引发了公众反响：愤怒、生气、失望。我理解这些情绪，最重要的是：我对发生的一切深表歉意。——美联航首席执行官穆尼奥斯，2017年4月11日。

2010年开展的三项试验研究表明，人们总是高估道歉给他们带来的体验，想象中从道歉获得的满足感明显高于实际情况。这些"预测失误"让人感到非常失望。我们认知中道歉应有的价值与现实不符。考虑到这点，企业真的应该在第一时间做到最好，做事拖泥带水将会严重损害企业声誉。

一、脸书

2018年3月，脸书首席执行官扎克伯格对剑桥分析数据泄露事件的原始声明只用了934个字。"对不起""道歉"，甚至"遗憾"都没有出现在声明中。

扎克伯格的声明表达了明显的损失控制和责任规避，强调了脸书的制度，而剑桥分析公司违反了他们的制度。他在声明中列举了已经采取的保护用户数据的措施和今后的规划。写这篇声明的时候，扎克伯格和脸书对这次丑闻会给公司声誉和财务造成的影响程度一无所知。同时，他们也不是非常清楚自己在法律上应该承担的责任或是在监管机构眼中他们应该承担的责任，因此，扎克伯格的言论非常谨慎。

第十一章 • 继续努力：为什么世界三大品牌会道歉三次

下面这段话是声明的结尾，扎克伯格表现出勉强承认错误的态度：

企业真的应该在第一时间做到最好。

"2015年，我们从《卫报》的记者处获悉，科根（Kogan）与剑桥分析公司分享了应用程序中的数据。这违背了我们'未经用户允许禁止开发者分享数据'的制度，因此，我们立刻禁止科根的应用程序使用我们的平台，并且要求科根和剑桥分析以正式方式证明他们已删除所有不正当获取的数据。他们提供了这些证明"。

数据科学家亚历山大·科根（Alexandr Kogan）声称开发的这款应用程序允许剑桥分析获取脸书用户数据。2019年3月，有消息称，科根以诽谤罪起诉脸书公司。

扎克伯格的声明一经发布，脸书的股票价格开始下跌。因此，他再次试图通过在报纸刊登整版广告的方式请求公众谅解，打媒体战。在接受有线电视新闻网（CNN）采访时，扎克伯格表现出懊悔，说了这句话："我真的非常抱歉。"

然而，人们想要的不止这些，他们需要企业道歉。英国和美国的立法者以及脸书用户希望了解发生了什么，脸书是否仍然安全。在同一次有线电视新闻网的采访中，扎克伯格解释道："我非常高兴被选择出席国会听证会，脸书公司可能还有其他人更有资格回答技术问题。"当劳里·塞格尔（Laurie Segall）提出质疑，认为扎克伯格作为公司领导和"脸书的品牌"，希望听到他对此事的态度时，扎克伯格反驳，他不认为自己会成为脸书的媒体发言人。

4月，扎克伯格参加了国会听证会，受到立法者的拷问，他在那儿待了10个小时。公平地说，扎克伯格尽力不把听证会当成新闻发布会。在回答提问的过程中，扎克伯格依旧和原始声明中的态度一样，尽力回避责任，借手头没有资料的说辞回避了几乎三分之一的问题，但承诺会做出书面回复。这已经是很大的进步了，脸书的股价开始回升。就像路透社记者报道的："扎克伯格回答了来自近100位美国立法者持续两天共计10小时的提问，毫发无伤，相当轻松。"

脸书为挽回损失的信誉制作了一些夸张的电视广告。然而，脸书最好的选择应该是承认"出现问题"。

二、美联航

2017年3月16日，第七章中提到的美联航首席执行官穆尼奥斯登上《公关周刊》年度庆典的领奖台，荣获"年度传播人物"奖项。这个有威望的奖项是为表彰过去一年中拥有卓越沟通能力的非公关专业人才。穆尼奥斯代表美联航的全体员工接受了这个奖项，他说："沟通和沟通策略不仅仅是游戏的一部分，而是游戏本身。"

颁奖活动前期，《公关周刊》在纽约公布了获奖名单，并对这位航空公司的老板给予了极高的评价："穆尼奥斯是一位聪明、敬业、优秀的领导者，他理解公关的价值。"穆尼奥斯和《公关周刊》都无法预料即将发生什么。就在24天后，发生了一连串事件，《公关周刊》这个非常认可穆尼奥斯的机构，被描述为"社交媒体危机之母"。

第十一章 • 继续努力：为什么世界三大品牌会道歉三次

最可悲的是，穆尼奥斯确实应该得到这个奖项。自 2015 年接替杰夫·斯米塞克（Jeff Smisek）担任首席执行官以来，他的工作成绩非常优秀。在穆尼奥斯的带领下，美联航的准点率获得最好业绩，公司股票价格一年内上涨 27%。公司取得的总体成绩很大程度归功于穆尼奥斯的良好沟通能力，并且，穆尼奥斯因重建员工信任得到工会主席的赞扬。

《公关周刊》指出，航空公司能够重获成功应该归功于穆尼奥斯的领导，美联航与所有工会团体签订了新的合同，减少了客户服务问题。而且，这些工作都是在其心脏移植手术康复期间完成的。

就现阶段我们对穆尼奥斯的了解，《公关周刊》的赞誉似乎像一个残酷的诅咒。3 天时间里，穆尼奥斯和美联航经历了不为人知的名誉损失，大部分是因为他们含糊其词的道歉和危机响应。事件自 4 月 9 日星期日开始，从芝加哥飞往路易斯维尔（Louisville）的联航快运 3411 航班由于不能为待命的机组人员提供足够的座位而无法起飞。由于没有乘客自愿搭乘晚一班航班，美联航启动了"非自愿拒绝登机"程序。简单地说，就是他们需要有乘客下飞机，并且给予他们 1000 美元赔偿。

据我们所知，机组选择的非自愿拒绝登机的对象是大卫·道博士，由于他早上要看诊病人，不希望改乘其他时间航班。美联航坚持让他离开飞机，但是道真的不想下飞机，并威胁起诉航空公司。随后，安保人员到达，试图将其带离飞机，然后事情就变得一团糟了。我们在第七章中做了详细介绍，可以回顾一下事件原委。

事件发生的视频一经网络播出，由穆尼奥斯领导的美联航开启了漫长而痛苦的妨碍危机响应的过程。他们做的第一件事情就是在事件发生的当天晚上，为"超额预订"道歉。有两点错误。第一个也是最明显的，超额预定并不是人们感到不安的原因。第二，随后发现航班事实上没有超额预订。

第二天一早，穆尼奥斯做出道歉，并将事件描述为"不愉快的事情"。这个道歉声明包含了"重新安置"这个臭名昭著、广受嘲笑的词汇。

与其继续执行边缘政策，道歉对他们来说成本更低。

120万篇推文中提到了美联航，并且有135000次脸书互动，这些推文和互动都不是好消息。当天晚些时候，美联航改变了态度，从含糊其词的让步、奇怪的语言转而开始责备对方。一份航空公司安慰焦虑员工的内部备忘录被泄露，备忘录中记录着"引起混乱、寻衅滋事"，"反抗"机场安保人员。严格来说，道博士是反抗了他们，但是这不应该是重点。美联行的危机正逐渐失控。

直到星期二（3天之后），美联航和穆尼奥斯才准备承担全部责任。穆尼奥斯发表声明："所有人对这次发生在航班上的可怕的真实事件的态度都是：愤怒、生气、失望。我也有同感，最重要的是我对发生的一切深表歉意。和大家一样，我仍然对航班上发生的一切感到不安，我向被强行带走的乘客和所有机上的乘客深表歉意。任何人都不应该受到这样的虐待。"

危机出现时，美联航就应该像这样做出道歉声明。所以他们为什么没有这样做呢？和脸书一样，他们两面下注。美联航似乎把信息传递和股价挂钩。股价越低，他们表现得越歉疚。但一开始，他们会在道歉问题上含糊其词，避免承担责任。如果股价开始暴跌，他们就得考虑哪种情况损失更大,是承担责任、冒着被起诉的风险损失大还是冒着声名狼藉、股价继续暴跌的风险损失大。这成了一场胆小鬼的游戏,在这种情况下,美联航先眨了眨眼睛。事件发生后的几天里,他们的股票暴跌了14亿美元,因此与其继续执行边缘政策,道歉对他们来说成本更低。

三、棒约翰——事不过三

肯德基之前的非官方名称为肯塔基州炸鸡,它并不是蓝草州(Bluegrass State)唯一主要的快餐品牌,在离小镇只有17千米的地方还有一个吵闹的邻居。从肯德基总部出发,沿着264洲际公路向东行驶,到达杰斐逊顿(Jeffersontown)郊区,那里就是棒约翰披萨(Papa John's Pizza)的总部,位于棒约翰大街(Papa John's Boulevard)。

棒约翰成立于1984年,如今已是美国第四大披萨连锁店,仅次于必胜客、多米诺骨牌(Domino's)和小凯撒(Little Caesar's),在英国、爱尔兰、西班牙、俄罗斯和白俄罗斯等45个国家拥有特许经营权。

肯德基和棒约翰的相似之处不只是同为快餐和都位于肯塔基州路易斯维尔。和肯德基一样,棒约翰也是以创始人作为品牌形象。"老爹"约翰·施纳特(John Schnatter)是真实存在的,他的故事几乎是现代版的哈兰·山德士上校。施纳特也是一位白手起家的企业大亨。起初,他经营着一家餐馆。和上校一样,施纳特通过设置完全虚构的称谓给自己的公众形象增加了诱人的色彩。

上校于1980年去世,但是"老爹"约翰·施纳特非常活跃,他在

危机公关

公开场合的表现与高调的亿万富翁无异。施纳特的表现不属于相对温和的理查德·布兰森"尴尬爸爸"类型，也不属于极端的伊隆·马斯克类型。他们才是真正糟糕的类型。

施纳特从来都不是真正受欢迎的创始人形象，他缺乏布兰森或马斯克这样的个人魅力。在千禧年之交，他因跟踪和性不端行为经历了两次庭外和解，使得他在很长一段时间备受争议。对于美国人来说，任何公开的违法行为都会造成负面影响。2012年，根据巴拉克·奥巴马（Barack Obama）颁布的《平价医疗法案》（Affordable Care Act），施纳特需要给棒约翰的员工投保，这项花费会给每个大份的棒约翰披萨增加14美分的成本，施纳特因抱怨为员工投保而受到广泛的批评和奚落，这一点都不奇怪。他聘请了危机沟通公司帮他摆脱这种局面，但施纳特一直都对公众情绪有误解，2017年，他发现自己陷入另一起迫在眉睫的公关危机。

2017年11月，他公开指责美国国家橄榄球大联盟（NFL），尤其是那些为抗议警察虐待黑人而在国歌中下跪的球员们，声称"美国国家橄榄球大联盟的领导伤害了棒约翰的股东。"棒约翰的销售业绩因此暴跌。2018年2月，美国国家橄榄球大联盟结束了与棒约翰8年的合作，棒约翰不再是美国国家橄榄球大联盟的官方披萨连锁店。

即便如此，施纳特仍然桀骜不驯，但是棒约翰的董事会受不了这种热度了。2018年5月，为了防止危机蔓延，棒约翰聘请了一家名为洗衣服务（Laundry Service）的营销公司，公司总部位于布鲁克林（Brooklyn）。这家公司曾与耐克、福克斯（Fox）和亚马逊等主要品牌合作。他们的网站吹嘘公司"做了惊人的事情"。但对棒约翰来说，

第十一章 • 继续努力：为什么世界三大品牌会道歉三次

他们确实做了惊人的事情。

肯德基上校虽然没有看到公司谐谑的黄金时代，但是死后他确实以自己的方式进入了标志着棒约翰施纳特时代结束的争论中。洗衣服务和棒约翰的董事会计划加强施纳特应对未来公共关系灾难的能力，为他安排了一些角色扮演的访问，给他抛出问题，考验他面对包括种族关系在内的敏感问题的勇气，比如施纳特指责美国国家橄榄球大联盟导致销售下滑。

在一次电话会议中，当被问到如何远离网上的种族歧视组织时，施纳特回答道，山德士上校称黑人为黑鬼，并抱怨说上校从未经历他所面对的激愤情绪。角色扮演游戏结束，洗衣服务立刻终止了与棒约翰的合同关系。7月，媒体报道了施纳特的言论，随后施纳特辞职。如果说施纳特还有什么信誉可言，就是他从未否认过自己的言论并辞去主席职务。施纳特在一份声明中说道："媒体报道的我在一次媒体培训中关于种族的不恰当、具有伤害性的言论是真实的，"又补充，"不管这些话的谈论背景如何，我为此道歉。简而言之，我们的社会不能容忍种族主义"。

山德士的家人以最严厉的言辞否认了这一控告，山德士上校的孙子形容施纳特为"黄鼠狼"，他的孙女说："施纳特把上校作为他可怕恶心嘴脸和种族主义信仰的替罪羊是不可饶恕的。"

即使没有施纳特的事件，棒约翰也有麻烦。当创始人与自己的企业有着千丝万缕的联系时，就像理查德·布兰森（Richard Branson）、史蒂夫·乔布斯（Steve Jobs）或者肯德基上校和他们各自的企业，企业就会融入创始人的个性，创始人就代表他们的企业。直到史蒂夫·乔

危机公关

布斯去世，他都是苹果公司的象征，因为乔布斯富有远见的领导，苹果公司成为一家有远见的公司。同样，约翰·施纳特就代表棒约翰。基于他在模拟电话会议中的言论，如不采取严厉整顿，棒约翰将成为了一家"种族主义披萨公司"。

当创始人与自己的企业有着千丝万缕的联系时，企业就会融入创始人的个性。

在此次危机公关中，棒约翰一共尝试了3次道歉。第一次是一条一分钟的煽情视频。回想2009年著名的多米诺披萨（Domino's Pizza）广告中，多米诺公司直面最严厉的批评，而他们的问题只是番茄酱的味道，而不是创始人的行为，棒约翰同样选择通过视频揭露一些最具破坏性的问题。

视频伴着标配的忧郁音乐，充斥着陈词滥调，比如"我们了解""你希望更好"。随后发展为"谢谢你的愤怒""谢谢你的批评""谢谢你的诚实""让我们变得更好"。就是如此，并没有说"对不起"。

第二次道歉做得也不算好。在正式道歉前，新任首席执行官史蒂夫·里奇（Steve Ritchie）在棒约翰的官网上发布了一封公开信，其中提出了止损的方法。他区分了棒约翰公司和约翰老爹，列举了很多如今的棒约翰披萨公司在管理方面与创始人的区别，包括听众会、如何解决内部文化问题、采用"双向对话"机制，但是仍然没有做出道歉。然而，人们开始关注棒约翰的公关回应了。

公关顾问和危机管理专家大卫·奥茨（David Oates）在《赫芬顿邮报》上说道："这不是一个好的回应，事实上，即使首席执行官或者高管团队与公司创始人和董事长的愚蠢无关，他们仍然要对品牌旗下所有内外部沟通问题负责任。"

随后,里奇做了第三次道歉,这次道歉中,虽然他的道歉方式没有非常准确,但至少态度是对的。他再次重复了公开信的内容,但是增加了缺失的关键部分:"对不起。"他在声明的靠前部分,请求公众同情之后做出了道歉。

"过去的一周是我和棒约翰22年来最艰难的一周。"这是尝试了两次道歉之后做出的道歉声明的开篇。公平地说,目前棘手的局面不是里奇自己造成的。从战略角度看,他唯一正确的选择就是让品牌与创始人撇清关系。因此,综合这些情况再评价他的道歉,我们可以放他一马。但是我们应该引以为戒,要知道为什么第一次的道歉就应该做到最好。

在发布更充分、更真诚的道歉声明之前,扎克伯格、美联航、棒约翰都因道歉不力而饱受批评。直到脸书股票大跌,扎克伯格才给出适当的道歉,美联航也是如此。对于约翰·施纳特,直到自己被公司辞退也没有找到适合的措辞,而他的继任者又做了3次道歉来弥补他的言行。

不说对不起的道歉诱惑很大。

面对危机,企业的第一反应通常无力且模糊,这是企业有意为之。在道歉中不说对不起对企业的诱惑很大。因为担心承担责任和引起诉讼,同时希望沉默可以平息问题,所以企业发布道歉声明会非常谨慎。他们认为自己可以把控危机,因此故意制造模糊信息。消费者可能不会马上理解为什么他们期望的道歉不能随要随有,但是他们会发现企业的含糊其词和逃避责任。企业必须及早决策是否道歉,如果道歉,就要毫无保留、不谈条件,否则就是等着被嘲笑。

第十二章
"强迫道歉?":培养弹性并确定客户意图

| 法庭裁定的道歉 |

| 过敏患者与索尼影业 |

| 企业如何更富弹性? |

即便我们的电影是卡通剧,也不应该忽视彼得兔(Peter Rabbit)的宿敌麦格雷戈先生(Mr McGregor)对黑莓过敏。我们为没有意识到这个问题真诚道歉。——索尼影业,2018年2月12日。

如果走近20世纪70年代和80年代的一台英国电视,你可能就会听到一首罗尼·哈兹雷赫斯特(Ronnie Hazlehurst)的精彩的主题曲。罗尼是英国广播公司的音乐总监,为很多电台情景喜剧选定背景音乐。罗尼令人印象最深的作品之一是以伦敦高级百货公司为布景的情景喜剧——《有人为您服务吗?》。随着大幕拉开,收银机有节奏地响着,为罗尼做作而又流畅的爵士乐提供了背景音。女演员蒂芬妮·盖瑟科尔(Stephanie Gathercole)的声音是最好听的,尽管她并没有真正唱什么。不过,她拉长元音的完美唱腔诠释了在各层售卖货品的"电梯女郎"的角色,听起来棒极了。

这部喜剧在1985年下映,随后,70年代的冒险笑话和哈兹雷赫斯特的主题曲逐渐淡出了人们的视线,2016年又短暂回归银幕。然而,属于这个时代的时尚潮流确实留下了一种奇特的文化印记。在那以后的一段时间,当乘坐电梯被问到去哪层时,某个时代的滑稽的爸爸们,通常都会是爸爸,可能会以致敬盖瑟科尔的方式回答:"女士内衣,请!"

值得庆幸的是,智能手机让我们避免了在电梯内尬聊和讲黄色笑话。如果你今天尝试一下在电梯里讲笑话就会发现,乘客一般不会接你的茬。因此,2018年,当76岁的伦敦国王学院(King's College)教授理查德·内德·勒博(Richard Ned Lebow)参加旧金山的一个学

第十二章 • "强迫道歉？"：培养弹性并确定客户意图

术会议，挤进拥挤的电梯要"女士内衣"时，他是冒险在"满是陌生人的盒子"里活跃气氛。

当时，勒博并不清楚这个"蹩脚的"笑话将引发一场波及整个学院的纷争。另一位乘客，一位从未看过《有人为您服务吗？》的学者，向大会组织方——国际研究协会正式投诉了勒博的玩笑。了解到被投诉后，勒博给其他与会者写信，认为投诉"无聊"，并试图基于国际研究协会（IAS）准则以非正式方式解决这个问题。大多人认为勒博可能应该更新他的流行文化参考对象，但对他是否应该道歉仍存争议。

这个事件很快脱离了学术媒体的讨论范围，成为从《太阳报》到《华盛顿邮报》等各大媒体的主流话题。一场可预见的关于言论自由和政治正确的争论在网络上引起一些人的关注。短评推断勒博的言论具有冒犯性，甚至可以构成性骚扰；而其他人，如预想的那样，从"走火入魔的政治正确"角度支持了勒博。尽管如此，国际研究协会发现勒博违背了行为准则，协会告知勒博，如果他做出"明确道歉"，将不对其采取进一步措施。勒博拒绝了协会提出的道歉要求，随后威胁要起诉国际研究协会。

5月15日，也就是协会要求勒博道歉的截止日当天，尤戈夫开展的一项民意调研非常有趣地描述了这件事，而在当时却被忽视了。调研的内容为勒博是否应该"被要求道歉"，而不是"他是否应该道歉？"——他应该"被要求道歉"。根据对英国3317位成年人开展的有代表性的抽样调查，16%的人的回答是肯定的。年龄在18到24岁的调查者这个结果的比例从16%提高到了29%。几乎三分之一的英国年轻人认为勒博应该因蹩脚的笑话被要求道歉。尚不清楚他们对勒博道歉方式的期望，但事实是，三分之一的年轻人接受强迫道歉，这让公众对消费者认知中的道歉目的有了全新的认识。

韦恩州立大学出版社（Wayne State University Press）在事件发生当月发表的一项研究支持了勒博拒绝道歉的决定。研究发现，人们对"强迫表达的悔意"持怀疑态度，而且，这样的道歉在"修复受害者情绪方面效果不佳"。此外，研究参与者认为，被要求道歉的人"不好"。

强迫道歉没有用。

"不好"，这样的描述是不是很有趣？如果你认为这个词听起来很幼稚，那么你是对的。这是一项针对儿童的研究，年龄最大的参与者只有9岁。研究者假设成年人可以注意到强迫道歉，而他们感兴趣儿童是不是也能做到。尽管近三成的英国年轻人主张要为爸爸的笑话道歉，但对于多数还需要帮忙穿鞋的美国孩子来说，经证实，强迫道歉是没有意义的。

勒博确实没有道歉，但如果在网络上搜索他的名字，除了维基百科之外，第一个搜索结果就是关于这场争论的新闻报道。"他被要求的只有道歉。"投诉者说。如果他道歉了，能够搜索到的内容就会大不相同，新闻报道的标题也会略有不同。比如，"教授拒绝为黄色笑话道歉"就会变为"教授被迫为黄色笑话道歉"。不管有没有道歉，勒博都会被描述为性别歧视者，而他只是一个稍微少点骨气的人。

第十二章 • "强迫道歉？"：培养弹性并确定客户意图

一、法庭裁定的道歉

民意法庭并不是唯一强迫人们公开道歉的地方，有法官裁定的真实法庭把强迫道歉作为一种法律赔偿。"法庭裁定的道歉"是一种有争议的恢复性司法，这种执法方式的结果喜忧参半。

一名司机撞倒一个骑自行车的10岁孩子后肇事逃逸，纽约匹兹福德市法院（Pittsford Town Court）裁定司机给这个男孩写一封道歉信。对于喜欢道歉的人来说，道歉绝对是一种享受。

"亲爱的朱利安（Julian），非常抱歉，9月7日星期五，你的车骑到了我的车旁边，"被法庭裁定道歉的道格·兰姆（Doug Lamb）这样写，"重要的是，非常高兴当时你不需要急救车治疗，希望你有一个平安开心的假期。真诚的，道格·兰姆"。

这是一个有趣的道歉，这封道歉信把事件责任归咎于受害者，肇事者却在逃避责任，甚至指出男孩不需要治疗，试图最小化事件的严重性。这是法庭裁定道歉的经典案例。事实上，律师会试图帮助当事人逃避责任，所以不可能代表客户写出更好的道歉声明，他们的当事人可能参与了一起肇事逃逸案，可能叫作道格·兰姆。朱利安说这封信让他非常生气；他的母亲认为这封信令人震惊；我们认为这样合乎逻辑的结果是由法律强制道歉造成的。强迫道歉没有实际意义。

要求道歉是一回事，这通常是被冤枉一方的绝望行为或是缺乏威信的人的权利转移。强迫道歉是另一回事，强迫道歉的人需要有一定的影响力。对2018年1月到2019年1月的媒体报道进行分析表明，有数百条关于企业和公众人物的"强迫道歉"新闻。在很多案例中，"强迫道歉"仅仅是在表达一种语义。企业发表道歉声明，记者将其定义为"强迫道歉"。

7月13日，《金融时报》报道："脸书再次因滥用职权问题被强迫道歉"。他们并不是真的被强迫。"推特首席执行官多尔西因同志骄傲月期间吃福来鸡（Chick-fil-A）问题被强迫道歉"，这也是类似的情况。他们可能是被要求道歉，被鼓励道歉，但不是被强迫道歉。

在某些情况下，大企业面临道歉的压力，即便他们不道歉，"强迫"也是唯一准确的描述。这种道歉方式的共同点包括三个关键因素：低调的受害者、大众参与者、支持团队和媒体。通过研究这种行为模式可以解释困境中的企业如何向压力屈服。

二、过敏患者与索尼影业

在索尼影业2018年改编版的彼得兔电影中，拟人化的主人公棉尾兔（Cottontail）弗洛普西（Flopsy）和莫普西（Mopsy），使用弹弓将水果和蔬菜射入对黑莓过敏的麦格雷戈先生的嘴中，索尼影业因为这个剧情"被强迫道歉"。

道歉的压力来自美国哮喘和过敏症慈善基金会（AAFA）。这个拥有十万脸书粉丝的基金会与非营利组织儿童食物过敏协会反驳了电影中将过敏原武器化的行为，他们给影片出品方索尼影业写了一封公

第十二章 • "强迫道歉?":培养弹性并确定客户意图

开信,谴责影片中所谓的"玩笑"可能会导致食物过敏的人"处于危险中"。

这些看似夸张的言论实际上是非常聪明的策略。通过将"1500万食物过敏的美国人"纳入事件的影响人群中,他们扩大了索尼的声讨队伍。

索尼选择对此事做出解释,表示他们应该在影片中指出,兔子彼得做了很多坏事,但是他认识到了自己的错误并且不再做坏事。他们应该指出这个情节是霸凌的写照,但是他们没有这样做。

这样的论战对媒体来说也是绝佳的素材,因此这个事件演变成了一个问题,这件事拥有媒体报道需要的所有元素。从对电影中某个场景小范围的抱怨演变为主流媒体讨论的话题。这个问题被冠以对过敏患者的攻击。在一部以穿着雨衣会讲话的兔子为主人公的电影中,人类角色为治疗过敏反应,使用预装肾上腺素的自动注射器(epipen),这是现实生活中会出现的场景。在这样一个宣传团队热衷于宣传他们关心的问题的世界中,索尼可能对自己会受到批评感到意外。

他们在影片中强调了食物过敏的严重性,这也是食物过敏儿童协会所呼吁的。协会的网站在2016年发表了一篇博客,鼓励过敏患者的父母"确保孩子的朋友知道紧急情况的应对措施,告诉你的孩子如何在紧急情况下进行注射"。

如果批评者和媒体不喜欢高调的道歉,索尼可能会因增加对事物过敏问题的媒体宣传得到表扬而不是批评,就像在2003年翻拍的电影《唱歌神探》(*The Singing Detective*)因真实描述银屑病的情景受到赞扬,这是类似的情况。

尽管如此，超过 18000 人签署了请愿书，要求索尼道歉，甚至出现支持"抵制彼得兔"的标签。一旦这种情况发生，事件将出现在《纽约时报》《卫报》《名利场》（Vanity Fair）、有线电视新闻网等各大媒体的新闻标题中。

不管企业实力多雄厚，多有策略，都会因大规模的媒体和公众批评不知所措。对索尼来说，尽管他们实力雄厚，可以为自己辩护，却没有坚持自己的立场。索尼在一份声明中说道："食物过敏是非常严肃的事情。我们的电影不应该忽视彼得兔的宿敌麦格雷戈先生对黑莓过敏，即使是以一种'卡通式的，戏谑性的'形式。我们为没有意识到这个问题真诚道歉，我们真得非常抱歉。"

媒体很少是中立的观察者。

这不是一个弹性好的企业应有的行为，也不是一个真正感到抱歉的企业应有的反应。按照现代标准，在愤怒周期的这个阶段，企业要做的就是安排产品召回，这才是表达抱歉的方式。你承认产品有缺陷，应该加以改正。如果产品是 T 恤衫或是袜子，尽管召回成本很高，但是处理措施很简单。虽然索尼做出道歉，但是一切如常。虽然面临抵制的威胁，但电影在首映周末的票房收入超过 1 亿美元。

某种程度上，每个人都是赢家。媒体可以报道愤怒，电影批评者得到了道歉，索尼不需要发表声明。正如《福布斯》影评人斯科特·门德尔森（Scott Mendelson）所言："不管怎样，制片方道歉了，尽管是以最简单的方式。"

有时，超出企业控制范围的事件可能会造成企业的声誉灾难。比如，有一件以泰诺（Tylenol）的名字命名的谋杀案，尽管不是泰诺公司自己造成的。

因此，媒体非常愿意报道企业"被迫道歉"，不管是因为企业自己的失误还是纯粹运气不好，这种行为有些奇怪而且阴险。而媒体对企业道歉的影响，细思极恐。媒体很少是中立的观察者，往往第一个发现关键的初级受害者，并引发一系列愤怒情绪。

三、企业如何更富弹性？

企业如果了解了客户比他们更容易被激怒，会因愤怒而威胁抵制，那会是一个很好的开端。即便索尼没有为彼得兔道歉，企业仍在正常运营。美联航、星巴克也是如此。抵制可以存在，而威胁往往不过是夸夸其谈。自球员在国歌中单膝跪地之后，美国国家橄榄球联盟（NFL）受到抵制的威胁，但他们的运营一切照旧。了解这些情况是企业恢复声誉的重要一步。

顾客和观众是有区别的。

企业必须明白，道歉并不是避免客户流失的终极方案。客户的愤怒与意图不同，在社交媒体上对企业表达愤怒的人大部分不是企业客户，客户和观众是有区别的，在社交媒体上表现的愤怒不是真正的愤怒。

正如我们在第四章中了解的，摩擦对特定行业造成的损害可能比愤怒更大。银行业是一个高摩擦行业，把业务从一家银行换到更一家银行并不容易。研究表明，银行业是最不受欢迎的行业之一，尽管竞争者提供了替代方案，但高街银行仍然拥有自己的客户。这种行业摩擦让人们不会轻易更换银行，因此不存在社交媒体泡沫。但这并不是说企业可以欺负他们的客户，而是证明抵制的威胁和愤怒的推文并不一定会对企业构成危机。

抵制的威胁和愤怒的推文并不一定构成危机。 观察客户在真实世界表达愤怒的行为是判断客户态度的好方式。我们知道，道歉的诚意与道歉的成本直接相关。没有相关措施的空洞声明毫无价值，表达愤怒的行为也是如此。当客户的表现与真实世界一致时，就需要企业投入了，无论是时间、精力还是金钱。

球迷是一个极端的例子，愤怒并不代表会失去客户。球迷是最忠实的品牌消费者，即使他们预料到产品可能会让他们失望，也愿意在购买产品之前付费。他们也喜欢抱怨，但至少在理论上，他们对球队的态度很容易做出改变。位于英国中西部的西布罗姆维奇（West Bromwich）到伍尔弗汉普顿（Wolverhampton）有15分钟的火车车程，两地都有足球队，而且球赛票价差不多，但这并不意味着对西布罗姆维奇不满的球迷会转而关注伍尔弗汉普顿，即便后者的水平更高。这和银行是一个道理，在选择支持的足球队时，父母对我们的影响最大。因此，球迷是衡量消费者满意度最可靠的非正式方式，让球迷抵制他们支持的球队成本很高。

足球俱乐部经理不需要通过调研来评价客户满意度，他/她只需要在比赛日从经理室出来看一下赛场上的空座位就可以知道结果了。当然，社交媒体上也有球迷，和其他任何消费群体一样，他们也会夸夸其谈。他们喜欢抱怨，也非常善变，但是对于球迷来说，表达不满是有代价的，会被对手球迷嘲笑，也会冒着被同伴质疑的风险。

2016年，一位愤怒的纽卡斯尔球迷将季票砸向了主教练麦克拉伦

第十二章 • "强迫道歉？"：培养弹性并确定客户意图

（Steve McClaren），表达对球队糟糕表现和比赛结果的抗议，而实际上，他的行为导致自己不能在本赛季余下的时间里入场观赛（如果还有的话）。这是一场对社会和财务成本的抗议。据英国国家统计局统计，2015年，纽卡斯尔（Newcastle）的全日制平均周薪为448英镑，当季纽卡斯尔联队（Newcastle United）最便宜的成人季票是525英镑，这名球迷的牺牲要比他发一条表达愤怒的推特所需的几秒钟的时间成本多得多。这样的抗议值得倾听，纽卡斯尔联队确实听到了，5天后麦克拉伦被解雇。

与扔季票不同，社交媒体愤怒预测了低迷的消费者满意度。记住，西南航空的推特中64%是关于道歉的。因此，可以肯定，他们在推特上的热度很高。然而，在消费者满意度调查中，西南航空始终是评级最高的航空公司之一。西南航空的同行，廉价航空公司瑞安航空非常了解愤怒的推文和客户意图之间的差距有多大，因此，瑞安航空将成为我们后续介绍企业弹性时最好的案例。

2018年，当瑞安航空取消免费托运10公斤行李时，社交媒体对此项决定的反应并不好，甚至很可怕。像预想的那样，人们威胁会抵制该航空公司。但是，瑞安航空似乎比积极道歉的企业了解得更多。他们非常自信，这些来自社交媒体的威胁毫无意义，他们发表了一份声明，直面消费者的抵制："我们的航班非常拥挤，而这些乘客虽然享受着最低的票价，以及比其他爱尔兰航空公司更准点的服务，却经常发誓不再乘坐我们的飞机。但是我们认识到，这是消费者的选择权，因此，如果消费者想选择票价更贵、准点率更低的航空公司，就随他们吧。其他人可以坐他们的位置。"

　　我们不主张企业照搬瑞安航空的沟通策略，但是也是值得了解的。理解媒体批评和真正损害利益的客户愤怒之间的区别是企业保持弹性、回应问题的必备技能。而将愤怒的推文和可能造成现实世界客户流失的抵制威胁混为一谈的企业，一定会发现自己做了很多不必要、自我反省和没有意义的道歉。

第十三章

我们错了：当你杀死一只小狗时该说什么

| 我们错了 |

| 偏离目标 |

| 回避式文化 |

| "有时会出错" |

> 尽管我们做了努力，但显然我们并不是每次都是正确的。——美联航首席执行官穆尼奥斯，2018年3月22日。

2015年，一家医疗研究慈善机构进行了一项实验，调查如何能够让人们捐更多的钱。他们发布了两条措辞一模一样的广告："你愿意每月为哈里森（Harrison）捐赠5美元，把他从缓慢而痛苦的死亡中拯救出来吗？"两条广告唯一的区别就是图片，一条广告中"哈里森"是一个男婴，另一条广告中"哈利森"是条狗。对哈里森是条狗的捐赠远多于哈里森是婴儿的。另一项研究中，给240名学生看了一则假的新闻报道，报道中描述了一起棒球棒袭击案，造成受害者多处划伤和腿部骨折，研究得到类似结果。报道中的"受害者"也是不同的，有成人、婴儿、小孩和狗。研究人员通过记录学生的面部表情来测试他们的反应。狗比成人和小孩获得更多的同情，只有婴儿比狗获得的同情更多。两项研究得到了相同的结论，显而易见，对于这个世界来说，狗非常纯洁。

一、我们错了

2018年3月，10个月大的法国斗牛犬科基托（Kokito）被放置在飞机的行李架中，这是一架美联航从休斯敦飞往纽约的航班，科基托在行李架中因窒息而死，发生这样的事件时，你真的要对美联航表示同情了。美联航位于芝加哥的总部一定感觉到他们的厄运永远不会结束。"重新安置"危机刚刚结束，这次又是一场灾难，但是他们说些

第十三章 • 我们错了：当你杀死一只小狗时该说什么

什么才能让局势好转呢？只有"我们错了"。美联航也道歉了，但是公众要的不只是道歉，他们想要一个解释，也确实应该给他们一个解释。事实上，公众得到了这个解释。遗憾的是，竟然是一条狗的死亡让美联航意识到如何应对危机。

科基托去世后不久，穆尼奥斯在芝加哥高管俱乐部（Executive's Club）发表讲话，他似乎从英国石油公司总裁托尼发表的"我希望生活能重回正轨"的言论中吸取了教训。穆尼奥斯回顾了"重新安置"事件，当时同行们认为他应该为结束了这场争论感到高兴。但是，这却是他"最难以忘怀的"。与此类似的还有玛丽·巴拉"我永远不会把这件事抛在脑后"，她在通用汽车点火器事件中的危机处理方式堪称典范。穆尼奥斯补充道："我们希望公众可以时刻提醒我们为什么这么快就会出现问题。"

穆尼奥斯的处理方式如你所愿。随后，他又做了一件有趣的事。他认为导致狗死亡的是公司制度，而不是个人行为，乘务员依照一套不明确的规定行事，错误地将狗的笼子放入了行李箱内。和通用汽车的点火器事件类似，这是一次由文化问题导致的运营失败。从那以后，美联航的改进措施之一就是动物不再被当成行李托运。

穆尼奥斯的道歉更多的是迫于运营航空公司的压力，而不是作为公司领导的反思。他在讲话中提到了"数学"："任何时候，空中都有数百架美联航的飞机搭载着数万名乘客，存在发生数万个意外事件的可能性。"

一旦在高空出现问题，后果将非常严重。因此，在这种情况下，企业做什么比说什么重要得多。

> **这是一次由文化问题导致的运营失败。**

有些时候，为灾难性的失败道歉反而更容易，因为企业不再企图含糊其词，乞求同情蒙混过关，没有任何可以博得同情的角度。如果你杀了一只小狗，唯一能说就是"我错了"，而更重要的是你接下来要怎么做。

更重要的是你接下来要怎么做。

时间会验证美联航的纠正措施是否有效，而这也是衡量他们道歉诚意的真正标准。如果有效，"我错了"将成为他们进步之旅的序幕；如果再发生类似事件，"我错了"将成为一句空话。

穆尼奥斯乐于公开反思企业的各种问题，紧随"我错了"的将是"我们为此采取的纠正措施"。其他企业也乐于说自我反省的话，但往往不做自我反省的事。缺少可执行的改进措施，道歉声明不过是一种托词。

二、偏离目标

听起来似乎和美联航承认错误的态度是一样的，但是真的有意义吗？2010年，脸书第一次陷入备受关注的数据丑闻，他们倾向于通过硅谷流行的软消息，凭借诚实负责的形象粉饰错误。首席执行官扎克伯格在《华盛顿邮报》上发表了一封信，信中充满对公司白手起家的溢美之词："我们成立脸书源于几个简单的想法。我们的目标是让大家联系更紧密，但可能大多数人不希望这样。我们偏离目标了。"

扎克伯格承诺，脸书会倾听客户需求和吸取教训，并向读者保证："大家可以限定信息的分享方式。"而脸书唯一要做的就是兑现这些

第十三章 • 我们错了：当你杀死一只小狗时该说什么

承诺，并采取切实可行的措施保护用户数据。他们能做到吗？

自脸书成立以来，扎克伯格就一直在为侵犯用户隐私道歉。2003年，脸书的前身——脸谱网（Facemash）未经授权擅自发布学生的私人照片，并邀请其他学生对照片进行"辣度"评分，这在哈佛大学校园内引起了轰动。青年时代的扎克伯格为此道歉："我很清楚我的目的被误解了。"

剑桥分析的丑闻已经过去15年了，我们也知道脸书并没有兑现2010年的承诺。因此，可以回答刚才的问题，以脸书为例，"我们偏离目标了"并没有实际意义。不同于美联航的"我们错了"，尽管扎克伯格的技术水平为其塑造了良好的公众形象，但这句说辞只是在混淆视听。

"我们偏离目标了"很少有实际意义。2015年，拥有百威品牌的安海斯-布希公司（Anheuser-Busch）为百威淡啤的推广宣传活动道歉。包括一名国会议员在内的批评人士对他们的宣传标语"今晚你的字典里没有'不'"表示不满。安海斯-布希公司认为，他们"偏离目标了"，宣传活动搁浅。

2017年，多芬也为一则反响不佳的护肤品广告说过同样的话，后续将详细探讨这个案例。同年，百事可乐公司推出了一个广告，本意是为了向世界传递团结、和平、理解的信号，却收到一片嘲讽之声，公司表示，他们"明显偏离目标了"，我们后续会详细介绍。2019年1月，化妆品品牌雅芳声称"偏离目标"。该公司宣传了一款抗脂肪产品，女演员兼身体积极性活动家贾米拉·贾米尔（Jameela Jamil）对此做出公开呼吁。

> 危机公关

喜力说他们"偏离目标了",确实如此,而且与目标相去甚远。在他们的一则广告中,一个喜力酒瓶滑过吧台,经过三位黑人,滑到一位白人手中,广告词为"有时候,越淡越好"。喜力发言人在印第100上澄清:"几十年来,喜力发展多元化营销模式,这让我们更团结,而不是分歧更多。我们认为这则广告的目的在于宣传喜力淡啤(Heineken Light),但我们没达到目标,公众的反馈我们将铭记于心,并引以为戒。"

这是为逃避责任的说辞,也是典型的薛定谔式道歉,任何以自我欣赏开篇的道歉都不值一提。发言人引用了另一个活动的标语"团结多于分歧",用来缓解广告带来的可以预见的灾难。撇开吹毛求疵的定位不谈,广告中存在如此明显的潜在问题,这真的不能定义为偏离目标。问题要大到什么程度公众才不会再原谅企业呢?

任何以自我欣赏开篇的道歉都不值一提。

他们真的是偏离目标吗?这样的自我反省对10年前的硅谷可能有用,但如果是来自资产数十亿美元的公司,不论他们是否吸取了教训,都不是太好。

企业借鉴了多年前大多数创业者从办公室乒乓初创文化中积累的经验,经董事会持续的合理化升级后形成了"我们偏离了目标"这样的企业行为。企业为给批评者展示内部质量控制过程,用谦恭的语言改变错误的决策。

我们太宽容了。2017年,百威的母公司创造了564.4亿美元的业绩。多芬的老板联合利华集团创造了530亿美元的业绩。百事可乐的营业收入为630亿美元,喜力公司的营业收入为248亿美元,甚至雅芳也有超过 57 亿美元的业绩。这些并不是在旧金山联合办公区尝试新的运营理念的公司。

营销和广告由一门艺术演变为严谨的科学；企业为精准对接客户需求投入数百万元进行对策测试、分组研究、调整创意。企业通过消费者分析和倾向建模能使信息的准确性水平达到 20 年前难以想象的程度。2018 年，美国的企业为精准满足客户需求，在营销数据方面的花费超过 1100 万美元。广告商只有了解他们的观众才不会出错。"试一试，看哪个奏效"，世界知名企业不会有这样猜测的习惯，不可能会偏离目标。

消费者更倾向于原谅年轻时的扎克伯格，当时他还是一名穿着连帽衫、刚毕业的大学生，至少这是他第一次犯错。他代表了在事业起步期间的初创企业，毫无经验，摸索行事，努力尝试新鲜事物。道歉耗尽了公众的好感。对于企业公关来说，"我们偏离了目标"相当于"哦"，这样的言论不断破坏着消费者想看到的悔悟。

> 对于企业公关来说，"我们偏离了目标"相当于"哦"！

三、回避式文化

企业假装道歉时，声称偏离了什么目标并不是他们唯一用来逃避责任的方式。近年来，企业在道歉时编造了各种方式最小化责任、混淆视听和拒绝说对不起。企业承认"出现问题"，但"并不是他们的责任"，这种不负责任的说辞是声誉管理的障眼法，是剔除所有有用信息且含混不清的声明。

> 危机公关

四、"有时会出错"

猫途鹰网站（TripAdvisor）上有一条关于餐厅的评论，抱怨塔帕斯"水平一般"、餐厅服务"混乱"。明智的评论者认为餐厅"有时会出错"，可能会再来一次，这样的评价很合理公正。

2018年，沙特阿拉伯外交部长兼首席外交官阿德尔·朱贝尔（Adel al-Jubeir）就记者贾马尔·卡舒吉（Jamal Khashoggi）遇害案调查结论接受记者采访时承认："我们有时会出错。"朱贝尔还做出承诺，不会再"发生此类事件"。

这是一种典型的新包装的企业道歉，与2013年渣打银行总裁庄贝思爵士（Sir John Peace）的做法非常相似。渣打银行因违反美国制裁措施，与伊拉克和利比亚进行金融交易受到严厉惩罚，起初，贝思爵士向美国监管机构发表声明："我们没有故意违背制裁措施。你们知道，有时人就是会出现笔误。"

随后，监管机构威胁撤销渣打银行在纽约的银行业务执照，贝思爵士不得不收回声明。他发表了自认为恰当的道歉声明："我非常后悔做出不够准确的声明。这个声明是错误的，并且与我们承担的责任背道而驰。"

沙特政府明显享受到这一策略的福利，他们设法提炼出现代危机管理中最过分的方式——软消息、含糊其词和空洞的承诺，并以此为工具平息国际评论。

对于这样的变化，我们不能放松。基于已经知道的事实，在脸书和优步的案例中，他们试图强调最初的过失，也许政府后续也会模仿，

第十三章 • 我们错了：当你杀死一只小狗时该说什么

如今，我们对"有时会出错"的说辞达成共识，这是标准的优兔网道歉视频。

沙特阿拉伯政府不希望踏上脸书或优步式的道歉之旅。没有人希望下跪乞求原谅。但他们注意到，大型企业会通过某种道歉方式让自己摆脱困境，他们也如法炮制。

如果企业管理者注意到政府正在借鉴自己的危机管理习惯，也许你做错了。也许企业是时候更新他们的危机管理信息了。

第十四章

自助式道歉：实施危机管理及提高消费者期望

| 文化警觉 |

| 企业无罪的负担 |

| 证明规则的特例 |

| 行为危机管理 |

| 免费赠送礼物的危险 |

| 自助式道歉 |

| 自我反省式道歉的创造性成本 |

百事可乐公司希望向全球传达团结、和平与理解的信息。很明显，我们偏离了目标，我们为此道歉。——百事发言人，2017年。

虽然为运营危机道歉很难，但相对来说还算简单。如果出了问题，你就需要处理问题并做出道歉。虽然不是事事如愿，但生活还要继续。我们多次提到的2018年肯德基发生的著名的连锁店鸡荒事件就是一个最好的案例。

这里强调了一种有趣的现象，企业行为和事件结果有着天壤之别。肯德基未能满足公众的最低需求，却规避了需要承担的责任。

肯德基之所以没有受到抵制，是因为消费者真正关心的并不是供应链物流。只有真正记仇的人才会因为要买全家桶，却只买到巨无霸而怀恨在心。

但是，文化危机是完全不同的问题，企业会面临各种不同的风险。与简单的物流问题相比，文化危机可能给企业造成更严重的损失，挽回损失需要付出更大的代价。

一、文化警觉

公众愤怒从何而来？并不是企业发现了社交媒体，双方共同决策要承担不必要的声誉风险。这是由文化警觉的推动而来。

消费者身份政治是由营销教授埃里克·阿诺德（Eric Arnould）和克雷格·汤普森（Craig Thompson）推广的消费者文化理论，目的在于理解消费者如何通过购买意愿获得统一、条理清晰的自我意识。"消

第十四章 • 自助式道歉：实施危机管理及提高消费者期望

费是一种自我定义和自我表达的行为。人们通常会出于认同感选择与自己相关的产品和品牌。"这很大程度上解释了为什么如果企业没有达到消费者的预期，消费者会表现出愤怒情绪。

2009年，作家兼企业顾问西蒙·辛克（Simon Sinek）发表了题为《伟大领袖如何激励行动》的泰德演讲（Ted Talk），演讲中阐明了这一想法，他对泰德克斯（TedX）的听众说："你们的目标应该是同与你有相同价值观的人做生意。"

如今，企业逐渐理解现代消费者在消费选择中投入情感的程度，但是他们不知道如何处理这些信息。迄今为止，企业对公众做出的回应就是过度承诺、向消费者保证他们的目标不是售卖改善生活的产品和服务，而是维护消费者的自身价值。如果承诺没有兑现，消费者将会对企业所做的、他们支持和反对的文化含蕴和寓意变得非常警觉。

消费者对企业文化和道德意蕴变得非常警觉。

对于消费者来说，和被企业质疑、否定造成的情感冲击相比，他们更容易接受企业运营失败造成的些许不便和失望，在这类情况下，消费者是能够从容应对的，比如暂时没有炸鸡。因此，当人们发现自己喜欢的文具店向他们不支持的报纸示好时，可以想象他们的感受。人们变得不安，心烦意乱。"文化问题"的影响要花数年才能消除。

二、企业无罪的负担

公关行业陷入了自己制造的僵局中。2012 年，品牌顾问米尔沃德·布朗（Millward Brown）和吉姆·斯登格（Jim Stengel）发表了一项题为《成长：理想如何推动世界最伟大的公司的发展和利润增长》的研究报告，后者曾任世界最大广告商宝洁公司的全球营销官。

这项长达 10 年的经验性研究调查了 50000 个品牌的发展历程，探究了推动品牌发展的最主要因素。研究的核心主张是，具有社会目标的品牌会努力争取"做到更好"，能够获得更快更大的发展。简而言之，文化认知对经济是有影响的。

"我一直认为好的品牌是以提高服务对象的生活水平为目标；我希望证明企业利益最大化和崇高的理想之间并不矛盾，事实上，二者是密不可分的。"斯登格说道。

研究对 50 个品牌给予了高度评价，将他们的发展归功于崇高的企业美德，比如"获得快乐""激活快乐体验""密切联系"。研究中邀请沟通专家以真幼稚思慕雪（Innocent Smoothies）、多芬护肤品和苹果公司等"感性"品牌为范例，介绍了如何通过树立企业文化和社会目标推动企业发展。

但是，当时的研究结论、布朗和斯登格的方法论都受到了批评，直到今天仍有争议。2011 年，以忠诚计划工作闻名的澳大利亚营销科学专家拜伦·夏普教授（Byron Sharp）发表文章称，他认为这项研究存在"严重缺陷"，它告诉营销人员"任何事都不可靠"。夏普教授认为"光环效应"是一种爱屋及乌的倾向，将"光环效应"定义为关键的方法论缺陷。理查德·肖顿是屡获殊荣的全球媒体机构麦迪逊邦（Manning Gottlieb OMD）的行为科学负责人，作为对"斯登格50"最有发言权的人，他也对研究中的部分内容持怀疑态度："争论的焦点是'真幼稚思慕雪是有目标的，我们知道他们会达到这个目标，因为可口可乐的控股公司发展迅速……'问题是真幼稚（Innocent）只占可口可乐收入的一小部分，它和可口可乐公司是两回事。"

虽然布朗和斯登格的理论有缺陷，但他们的中心论点无可反驳。营销人员欣然接受这个理论，认为他们的品牌不只是为了卖东西，他们尝试模仿"斯登格50"品牌的"美好"和文化品位，觉得这样做可以避免在营销过程中犯错。

虽然这项研究在初期受到批评，却具有深远的影响力。真幼稚思慕雪以滑稽的营销文案和夸张的社会理想著称，吸引了大批模仿者。突然间，杂货店开始和我们交流，说我们喜欢听的话。产品包装成为商人描绘宏大文化和社会抱负的画布。记者丽贝卡·尼科尔森（Rebecca Nicholson）创造了一个词"wackaging"，用来表述品牌过分友好和令人厌烦的行为方式，他们想通过这种方式说服公众，让公众相信他们不只是在售卖产品。

如今，多芬的"真美运动"被认为传达了傲慢和愤世嫉俗的态度，受到媒体评论员和消费者的广泛批评，但在当时，这项运动因为赋予女性权利，让她们从不健康的审美标准中解脱而备受赞扬。也吸引了大量模仿者，他们热衷于赋予女性权利，并且从中获利。潘婷洗发水推出"强健就是美"的广告，卫生巾品牌"总是（Always）"的广告词是"我是女孩"，这些品牌争相表现出对消费者皮肤感受的关心，不论你的皮肤有什么样的瑕疵，品牌推广的产品都可以帮你解决。

品牌是在销售故事和理想，让消费者关注"外表和感受"、品牌目标和更好的产品。消费者被蒙蔽，误以为品牌与他们之间有相同的文化和社会价值观。

早在 2008 年，"斯登格 50"出现之前，消费者还没有利用社交媒体，品牌也达不到他们标榜的理想状态。因此，在过去的十年间，从事品牌认知和声誉管理的行业并不需要尽其所能获取尽可能多的评价。

企业努力和消费者在文化层面沟通，但这几乎是不可能完成的任务。有很多没有达到消费者文化期望的大企业，脸书和优步只是其中的两个，因此，消费者和媒体拒绝接受他们的道歉。多年来，人们对这些目的驱动型企业一直持不信任态度。

通过传递环保理念，真幼稚思慕雪创建了一个品牌，并承诺他们的产品是低碳环保的。思慕雪以他们特有的方式在产品瓶身标出了一些信息：所有水果都来自"农村"，他们期望以此打消消费者的疑虑。但产品上面并没有说"农村"在哪儿。

2006 年，《每日电讯报》开展的一项调查显示，思慕雪的水果是来自罗特达姆（Rotterdam）郊外的农村，与真幼稚计划着力打造的"家庭手工业形象"大相径庭。

真幼稚了解，不管这个农村在哪儿，不管其与英国的相对位置会带来多大的环境成本，消费者更愿意想象水果来自普通的农村而不是英国某个工业区的水果加工设备。因此，品牌向我们传递了这样的理念。真幼稚和其他类似品牌发现了一种独特的方式，通过采用具有社会目的的语言来隐藏建立思慕雪王国这个真实的商业目的。山姆·蔡斯（Sam Chase）是环保运动组织"涨潮"（Rising Tide）的成员，他称思慕雪等品牌的这种方式为"漂绿"（greenwashing），他认为："人们会更乐意购买环保产品……你会为自我感觉良好买单。"

对于很多企业，目标、文化、高尚的道德，不管我们怎么定义，都只是一种营销策略。品牌通过重新包装公众对社会和文化的焦虑、高价出售解决一部分问题的方案，并且从中获利，低碳环保和身体形象只是企业营销策略的两种方式。这种大胆的欺骗，叠加社交媒体的传播和渲染，让品牌经常明显达不到消费者的预期。消费者对企业的道德期望和文化期望都非常高，因此表现出较高的文化警觉就不足为奇了。消费者敢于接受失望，并愿意对企业行为表达不满。

消费者敢于接受失望，并愿意对企业行为表达不满。

人们不会愿意重新设定消费者对于企业不切实际的期望。这项任务可能需要花费十年时间才能完成，而且需要投入巨额资金。但是，一直道歉也不是好办法。企业一成不变的悔悟态度并不能帮助企业保护或者提高声誉，还可能进一步削弱消费者和企业之间脆弱的信任感。

作为现代沟通工具箱中长期被忽视的工具，期望管理已不再流行。如今，向公众做出的承诺的企业显得非常紧张，他们的企业文化会被公开审查。企业会依照高级顾问的建议行事：向消费者做出保证，保证和消费者持有相同的价值观，关心社会公正、环境、身体形象以及一整套容易作为营销噱头的因素。然而，他们忘了告诉消费者他们也是为了销售商品、提供服务和赚钱。

三、证明规则的特例

很少有企业第一次就能确立正确的社会目标。这些企业可以同时追求社会目标和销售产品。自 1985 年以来，巴塔哥尼亚（Patagonia）户外服装公司将销售额的 1% 捐赠给环保项目，捐款总额已超过 8900 万美元。他们拥有透明的供应链，创造出持续的弹性产品，消费者和自然环境都可以从中受益。2016 年，他们停业一天，让员工可以带薪休假参加总统选举投票。

巴塔哥尼亚的欧洲市场总监亚历克斯·韦勒（Alex Weller）了解公司真正的社会目标与伪装的具有社会良知的营销活动之间的区别，真正的社会目标需要奉献精神和理想。"你不能通过营销转变使命感和价值观。纠结于此的企业可能是那些把营销放在首位的企业。"

冰淇淋制造商本杰里（Ben & Jerry's）也树立了正确的社会目标。自 1988 年以来，他们向倡导建设和平的机构"1% 为了和平"捐款。甚至发行了"和平流行音乐"。自 2006 年以来，他们持续减少碳排放，2005 年开始反对北极石油开采。他们采取了更加前卫、非主流的方式，比如"占领运动"，他们冒险坚持自己的信仰。

早在"斯登格 50"之前，巴塔哥尼亚和本杰里就以透明和责任作为企业的经营理念。既追求了理想，又获得了事业的成功。因此，当他们受到批评时，有信心做出解释，而不需要道歉。

2018 年 10 月，当本杰里推出名为"抵制"的新口味冰淇淋时，他们知道会招致批评。这本质上是一场涉及有争议的活动家琳达·萨索尔（Linda Sarsour）的反特朗普运动。由犹太人本·科恩（Ben

Cohen)及杰里·格林菲尔德（Jerry Greenfield）创立的冰淇淋品牌，因为与以色列著名评论家沙索（Sarsour）的合作而受到批评，后者的观点被反诽谤联盟（Anti-Defamation League）认为"有问题"。《以色列时代》报道："这种味道让以色列人头脑冻结，以色列顾客威胁抵制这款产品，本杰里在以色列的专营店拒绝出售这种产品。"

本杰里没有道歉，但是他们做出了解释。"感谢大家的反馈。我们并不完全同意，但是不可否认，琳达为提高女性权利所做出的努力非常重要，我们很荣幸和她共事。"

解释是不是很简单？本杰里坚持了自己的立场。多年来，他们一直恪守对社会目标的真实承诺，这赋予了他们不必道歉做出解释的权利。而亚历克斯·韦勒是"将市场放在首位"的企业，利用现成的《101种社会目标方法》哄骗消费者，他就不能像本杰里那样做。

当商业现实和文化执迷冲突，经常道歉的企业没有回旋的余地，没有信心坚持自己的立场，而实际上他们亏欠的是一个解释。

四、行为危机管理

对于一些品牌，道歉成了一种行为艺术。多芬护肤品剪辑的广告在社交媒体上播出之后，品牌老板联合利华被批评是"音盲"。

广告中有不同种族的模特，前一个模特脱掉身上的T恤衫，露出下一个模特的自然肤色。剪辑后的广告看起来错误表达了护肤品使用前和使用后的变化。人们对将黑人模特定义为"使用前"，白人模特定义为"使用后"的行为表示不满。

> 对于一些品牌，道歉成了一种行为艺术。

广告中的黑人模特洛拉·奥古尼耶米（Lola Ogunyemi）为此辩白，解释说："这段剪辑没有反映广告的真实意图。"多芬对自己并没有信心，因此急于解释，做出道歉。尽管如此，事件还是升级了，多芬受到公众抵制，这迫使联合利华放弃整个商业活动。毫无疑问，多芬承诺的社会目标的真实性受到审查，受此影响，多芬做出了代价高昂的决定。

如果企业确实在解释自己行为方面投入的心思，比向公众道歉的诚恳态度更多。那么他们应该重新认识一下"对不起"的重要意义，消除之前不良的道歉习惯对消费者认知造成的一些影响。

但是有时候，即便企业拥有良好的"社会信誉"背景也不能摆脱困境。伦敦大学学院自称为"伦敦的全球大学"。它是世界上最受尊敬的学术机构之一，拥有骄傲的进步主义历史，秉承世俗价值观的理念，接纳所有信仰的学生。

追溯到1878年，伦敦大学学院是英国首批承认女男平等的机构之一。这些都表征学院拥有坚实的社会和文化诚信，在遇到困境时能够给予学院足够的信心做出解释而不是道歉。

但是，事情并不总是如此。就在2017年圣诞节前，伦敦大学学院（UCL）因学生对伦敦糟糕天气的态度感到担忧。于是，学院发布了一条节日微博，告知校园正常开放：你是否梦到了白色的校园？我们的校园将于12月11日，星期一全天开放，请按计划前来。（我们不能保证一定会下雪，但是我们会努力的！）

对于少数熟悉欧文·柏林（Irving Berlin）《白色圣诞节》的人，

第十四章 • 自助式道歉：实施危机管理及提高消费者期望

这条微博虽然语言表达得比较庸俗，但很明显是个笑话。《白色圣诞节》是由欧文·柏林创作的一首歌曲，是有史以来最广为流行的圣诞歌曲，对于那些不熟悉这首歌曲或者在那一刻没有想起这首歌曲的人来说，伦敦大学学院的这条微博显然是表达了种族纯洁和对白人优势的承诺。

一个非常小的社交媒体谣言逐渐显露，而这个谣言完全是少数人对这个笑话的曲解。我们所说的"非常小"是指少数人对这条微博表现出令人难以置信的态度。即便是病毒新闻也不会选择这条信息作为新闻素材。

尽管这些谣言的意图显而易见，但是在原微博发布24小时28分钟之后，学校还是尽职地做出道歉：我们昨天微博中的言辞很糟糕【宾·克罗斯比（Bing Crosby）的白色圣诞节】。非常抱歉，今后我们会更加严谨地选择措辞。

道歉发生后的24小时时间里，《每日邮报》《每日电讯报》和《地铁报》都报道了道歉声明和微博原文，随后，《太阳报》和《泰晤士报》也加入了报道行列，伦敦大学学院陷入了长期的尴尬局面。几乎所有英国主流国家和地方媒体都报道了这一事件，公众对此表示难以置信。

伦敦大学学院需要做的只是给出必要的解释，而不是道歉。人们并不是真的因为存在危险的校园文化而感到不安，真正令他们不安的是学院可能存在一定的欺骗行为。伦敦大学学院的评论者并没有保护任何人，他们只是乐于"抓住"这样的时刻。由于缺少危机对应计划，伦敦大学学院只能接受现实。他们被假装不安的人打了个措手不及，除了道歉，他们不知道还能做什么。

在伦敦大学学院事件发生几个月后，房地产网站Zoopla处理了类

157

似的，甚至更微不足道的争议，发布了一个按需道歉。他们的错误是关于"五只会说话的螃蟹"。

Zoopla 在伦敦地铁网上发布了一则广告，广告中有一排螃蟹，每只螃蟹的背上都有一座房子，而不是壳，这些螃蟹正在讨论出售自己的"家"。第一只螃蟹说"我在 Zoopla 上卖房"，第二只螃蟹说"我也是"，第三只和第四只螃蟹也是这样说。第五只螃蟹称第二只、第三只和第四只螃蟹为"复制螃蟹"。这就是广告的内容，看起来表达很严谨，不存在任何风险。

然而，问题还是来了。有些消费者希望企业可以提前对他们的言行做出预判，对可能涉及的文化问题保持敏感。Zoopla 广告中，会说话的螃蟹重复的"我也是"不再仅仅是表达同意，也代表一场具有历史意义的反性骚扰运动。这个词为全世界受到性压迫的弱势群体发声。因此，任何试图嘲笑或是利用这个词、这场运动或是运动支持者的广告都会受到批评，但 Zoopla 并不属于这个类型的广告。

一些人强烈要求谴责 Zoopla "操纵""嘲笑""利用"这场运动。但是"metoo"和"#metoo"完全不同。广告业贸易杂志《竞选》报道："一位推特用户称这则广告是'令人反感的操纵'，消费者在推特上发表言论认为应该追究负责人的责任，并向女性慈善机构捐款。从这个糟糕透了的广告中获利真的非常可耻。"

然而，并没有迹象显示房地产网站从嘲笑 #metoo 运动中获利，Zoopla 试图"操纵"或是嘲笑这场运动也是无稽之谈。但是，Zoopla 不应该在会说话的螃蟹的问题上过于自信，他们没有预料到公众会怀有恶意。

第十四章 • 自助式道歉：实施危机管理及提高消费者期望

广告标准局出版了判定广告是否有嘲笑意味的指南。该指南主要涵盖了年龄、性别、种族和残疾等保护特征，要求广告商对这些特征保持敏感。除了这些保护特征，唯一不能嘲笑的就是宗教。即便如此，也有例外，任何嘲笑宗教信仰的行为都被视为有侵犯性，但是偶尔为表达幽默提及宗教可能是可以接受的。因此，广告商应该谨慎对待表达幽默的方式。

广告标准局（ASA）拒绝了关于 Zoopla 广告的投诉。广告标准局发言人发表声明："我们认为，虽然 Zoopla 在广告中使用了'metoo'这个词，但是观众应该会理解这是螃蟹表达同意在 Zoopla 上出售房屋，而不是在说最近的性骚扰问题和由此引发的 #metoo 运动。因此，在这种情况下，我们认为该广告不可能造成严重或普遍的违法行为，所以，这则广告并不违反规定。"

广告标准局的声明非常清晰，他们表达了对 Zoopla 广告含义的理解，并希望其他人也可以理解。但是 Zoopla 没有沉住气，做出了道歉。

Zoopla 发言人说道："我们最新的广告是为了以轻松的口吻说明，Zoopla 是一个受欢迎、知名度高的卖房租房房地产网站。这则广告不带有任何其他含义或者暗示，我们为其可能造成的冒犯深表歉意。"

Zoopla 的道歉有很多问题，前半部分激情澎湃、自以为是，随后又转为软弱无力、含混不清的悔悟。而最大的问题是这个道歉是没有必要做的。广告监管机构刚刚告知他们的广告没有问题。

> 危机公关

五、免费赠送礼物的危险

纸追也同样因一则广告受到谴责。不过，这次并不是广告的内容暴露了观众的恶意。纸追的错误在于将赠送礼品作为报刊圣诞促销活动的一部分，问题是它选错了报纸。

纸追的竞争对手"停止资助仇恨（Stop Funding Hate）"在社交媒体上强调，有公司在报纸上刊登传播仇恨的广告。他们发布推特，给纸追贴上标签："经过几周关于变性人的激烈争论，读者还希望在@FromPaperchase 网上看到《每日邮报》的促销消息吗？"

这则推文中并没有点名纸追。"停止资助仇恨"一旦怀疑出版社传播仇恨信息，他们就会对每一个刊登广告的企业做同样的事情。纸追没有立刻道歉。他们在推特上发布了回应："非常感谢您的分享。我们真诚的希望了解客户对我们的态度，即便是一些不悦耳的意见。我们承诺认真反思这次促销活动中所有的客户反馈意见。"

随后他们静静地等着。一天以后，他们做出了道歉，就像刚在学校被训斥的孩子："我们了解了大家对报纸促销活动的意见。我们知道我们做错了，非常抱歉，以后不会再犯。非常感谢大家告诉我们真实的看法，如果让您失望了，我们深表歉意。我们得到应有的教训。"

纸追当然有权利在《每日邮报》上刊登广告，他们也完全有权为此道歉，如果他们认为应该这么做。纸追因在《每日邮报》上刊登广告而陷入困境，权衡之后，决定做出道歉。

纸追没有主动道歉，反倒是在推特上询问是否应该道歉。但关键问题是，他们没有意识到，他们在推特上询问的人并不能完全代表购

第十四章 • 自助式道歉：实施危机管理及提高消费者期望

买包装纸的消费者，他们在寻求答案的过程中依赖的其实是"停止资助仇恨"的拥护者，是那些最初对他们表达愤怒的人。

纸追在推特上众筹沟通策略，认为不必为制订危机管理策略做出自我反省。再次强调，纸追并没有做错，只是他们做了一些某些人不认同的事情。

纸追做出道歉的决定是因为担心公众对他们的态度，更是为了维系顾客。每个沟通决策都有成本，不论是金钱、时间还是精力。对于许多企业来说，解释和澄清事实的成本远高于道歉和息事宁人。但是如果没有什么特别原因，这些道歉就显得空洞了。

如果纸追采用本杰里的方法会如何？"我们并不认同《每日邮报》，但是我们想赠送一些包装纸，而《每日邮报》正好拥有数百万的读者。"如果多芬说"事实上，广告剪辑后的效果看起来比实际情况糟糕。这是原来的……"会怎么样呢？这样做是存在风险的，但不会比道歉的风险更大、成本更高。多芬和纸追做了道歉，但是最后，两家企业的活动仍然搞得一团糟。如今，无休止的自我反省式道歉不可能永远奏效。为表面现象而不是实际情况道歉完全是在作秀（我们正在开展促销活动，赠送包装纸），这样的道歉没有什么声誉价值可言。

那么，这样的道歉有什么意义？受害者肯定不会受益，因为并没有受害者。这样的道歉是为了企业的"受众"：忠实的客户、非客户和媒体影响者，他们将批评和监督企业传播的内容视为自己的职责。

行为危机管理在很大程度上依赖于受众与企业之间的合作。这就要求陷入文化危机中的双方停止怀疑，例如，伦敦大学学院的案例中，没有理解笑话的人和开玩笑的大学社交媒体团队，被要求停止对对方意图的怀疑，并加入一场有失体面的公开游戏。那些批评这个笑话的人必然忽略了一个明显的事实，伦敦大学学院不是在问他们是否梦想一个带有种族歧视（Jim Crow）的"白色校园"，而是宾·克罗斯比意义上的"白色校园"。而伦敦大学学院被要求忽略一个大多数人都知道的明显事实。

六、自助式道歉

任何企业都不可能达到他们宣称的理想主义的道德标准，尤其是当他们用这个标准为自己的错误决定辩护时。百事可乐尝试了一些"社会公益"，最终被广告周刊（Ad Week）评价为"近期最受诟病的广告之一"。这则广告中，百事可乐邀请了电视名人肯德尔·詹纳（Kendall Jenner），试图将自己定位为美国抵抗运动的官方饮品，在看似百事可乐赞助的"黑人的命也是命"（Black Lives Matter）游行中分发百事可乐品牌饮料。

显然，百事可乐的广告适得其反，马丁·路德·金（Martin Luther King）的女儿伯妮斯（Bernice）甚至嘲笑它，并在推特上发布了一张她父亲被警察暴力对待的照片，推文标题是："如果爸爸知道百事的权力就好了。"但比偏离目标的程度更令人印象深刻的是信息的传播速度。这条广告在一天之内完成了发布、被嘲笑、被模仿、被删除和道歉。通常情况下，这一系列事件至少需要几天时间，事件发展的速度非常快，看起来百事可乐似乎为了以防万一，提前准备了道歉。我们需要做的就是按下正确的按钮，他们的道歉就会从自动贩卖机上掉下来,对于关注事件发展的人来说,这一定是世界上第一个自助式道歉。

饮料公司的一位发言人说:"百事可乐正试图向全球传达团结、和平与理解的信息。很明显,我们偏离了目标,我们对此深表歉意。"百事的道歉说明了企业与消费者之间新的、后斯坦格尔(post-Stengel)社会契约存在的问题:企业设法让公众认为他们是天生的好企业,但是他们失败了,我们抱怨,他们做出道歉。

七、自我反省式道歉的创造性成本

如果预料到会被拒绝,那么这样的道歉对企业提高声誉毫无帮助。同时,它也降低了"对不起"这个词的价值,是不切实际的企业行为标准。如果 Zoopla 要为他们会说话的螃蟹道歉,那么他们还会为什么道歉呢?

一个真诚可信的道歉的核心是承诺今后会做得更好。如果企业没有过错,却要道歉和接受指责,那么这样的任务是不可能完成的。如果企业在内心深处不认为自己做错了,它就不能真诚地承诺今后会做得更好。

伦敦大学学院、Zoopla 或纸追承诺做出什么样的改进(如果有的话)?不再开一些他人不喜欢的玩笑?考虑信息的所有可能的解释,消除任何存在潜在冒犯的内容?他们唯一能承诺的就是更加严谨或者更加谨慎地选择措辞。这不是沟通策略,而是为

> 如果企业没有过错,却要道歉和接受指责,那么这样的任务是不可能完成的。

应对企业焦虑做出的胆怯的让步。

如果你把事情搞砸了，那么道歉是好的，也是必要的，这是企业应该重视的弥补不良影响、打消客户疑虑的方式。例如，捷蓝航空制订客户权利法案，做出合理的改进承诺，这是对具体改进措施的承诺。但是，如果企业仅仅是为了别人对他们的看法道歉，而不是为他们实际做的事情道歉，那么他们不能承诺任何改进措施，因为他们无法控制别人的想法。这种做法很难坚持，对企业也非常不利。想象一下，在上述争议之后，为了避免重蹈覆辙，企业需要制订多少计划、设立多少专题小组。创造力的成本比其他都高。为了避免受到批评，广告商、营销人员和专业沟通人员努力地尝试不进入不断扩大的文化禁区。

很幸运，我们生活在一个后恭敬时代，没有守旧的文化独裁主义。如果企业真的要承诺不会再冒犯公众且言出必行，我们就有可能回到一个尊重文化的时代。企业会发现，即使是最小的失误，他们也会像对待神职人员、贵族、法官和公共机构一样尊重对待。

企业为了达到纯洁高尚的道德标准，要做出巨大的牺牲。不会再存在风险，不再有言简意赅的信息，为了将冒犯性最小化，所有东西都会被校准。贝纳通（Benetton）的"不仇恨"宣传活动，海洋守护者协会（Sea Shepherd Conservation Society）的"看看金枪鱼，想想熊猫"宣传活动，这些标志性的广告之所以成功是因为它们挑战了文化和社会的正统观念。

如果企业的主要目标不是取悦客户和吸引新客户，而是确保不被要求道歉，那我们的沟通环境会变得非常枯燥无趣。

值得安慰的是，这可能会促使品牌回归纯净平淡的营销状态，纯粹是为了推销公众可能喜欢或需要的产品。讽刺的是，这种方式可能会保留一些原本在道德监管的威慑下失去的创造力和乐趣。事实上，百事可乐的竞争对手可口可乐公司，它旗下的果汁品牌绿洲（Oasis）已经这么做了。

自 2015 年以来，绿洲公司一直在开展"新奇玩意儿"（#refreshingstuff）活动，在印刷品、户外广告牌和广播中发布一系列诚实而有趣的广告。其中一个广告牌上写着这样的标语："现在是夏天。你有你的口渴，我们有我们的销售目标。"另一个广告牌上写着："请不要站在这个昂贵广告牌前。"在 2018 年的一次视频宣传活动中，绿洲公司似乎把矛头对准了百事可乐以及其他认真描绘努力目标的公司。

有趣的是，绿洲推出了"一起喝"瓶，这是一个两头都可以拧开的瓶子，为两个人可以从两端一起喝而设计，非常滑稽，旨在促进"团结"，很明显是在抨击百事可乐。广告以其特有的方式表达了："社会和谐——只差几十亿销售额。"

绿洲不仅抵制了品牌广告潮流，而且公开嘲笑了这样的潮流。人们喜欢这种行为。这场活动赢得了胜利。所以，品牌可以诚实地表达推销意愿，这是可以做到的。消费者不会因了解到这些事实而受到刺激。

除非企业不再假装要通过一罐清凉的饮料解决世界问题，否则他们永远达不到客户的文化期望。如果企业的承诺中不包括销售不可能实现的社会理想，就可以适当缓解企业焦虑、减少超过企业处理能力的道歉。

第十五章
光学焦虑和为外观道歉

| 细节在危机中的重要性 |

| 光学焦虑 |

| 托普曼和利物浦人民 |

| "托普曼的道歉来了" |

| 关注光学的成本 |

危机公关

　　托普曼（Topman）坦诚地为T恤衫造成的伤害道歉。T恤衫的设计灵感来自鲍勃·马利（Bob Marley）的歌曲和歌曲的发表年份。衣服已经从线上线下销售中下架。——托普曼的发言人，2018年3月16日。

　　有些人可以很容易预见微小细节的潜在影响，而其他人是做不到的。伦敦大学学院和Zoopla发现，魔鬼往往隐藏在最微小的细节中。细节无疑是现在需要重点关注的问题。

　　日内瓦哲学家卢梭在1782年的自传《忏悔录》中谈到了他的焦虑，担心去面包店时的穿着过于奢侈。通常情况是他的仆人去买面包，但是，由于卢梭想用面包搭配刚刚偷来的酒，他就亲自去了。"我无法接受自己去买面包，一位佩剑的绅士怎么能进面包店去买一小块面包呢？这是完全不可能的。"

　　并不是卢梭不愿意去一家普通的面包店，他只是不想在普通人还饿着的时候，穿着华丽的服装，走进一家面包店说"让他们吃蛋糕"。回忆录中，针对这件事，他叙述了"让他们吃蛋糕"这句话的由来，这句话是玛丽·安托瓦内特王后（Queen Marie Antoinette）的错误言论。卢梭写道："最后，我想起了一位伟大的公主，她被告知农民没有面包可吃，她说：'他们为什么不吃蛋糕呢？'"卢梭非常了解光学，他知道衣着华丽的哲学家在面包店里晃来晃去的样子会很糟糕。

　　他这种可以从各个不讨喜的角度预见事件发展的能力在社会上并不常见。事实上，这种能力更多的来自遗传，由遗传获得的能力比后天培养的深谋远虑更为强大。而在这方面，英国的贵族享有盛名。2019年初，第二代斯诺登伯爵（Second Earl of Snowdon）厌倦了媒体将他已故的母亲玛格丽特公主（Princess Margaret）描绘成一位过时的社交名媛，因此，他写了一本书来纠正此事。当他宣布要出书时，为把母亲描绘为一位习惯朴实平淡生活的女性做了各种尝试。毫不讽刺地说，在伯爵的叙述中，做鲑鱼慕斯和清洗吊灯都是他母亲的日常生活。对于不受普遍认知羁绊的伯爵或公主来说，自己清洗吊灯的行为非常亲民。但对其他人来说，强调这个行为看起来有些傻。

挥霍无度的理查德·坦普尔·努金特·布莱奇钱多斯·格伦维尔（Richard Temple-Nugent-Brydges-Chandos-Grenville）是白金汉郡（Buckingham）和钱多斯（Chandos）的第三任公爵（Third Duke），一直活到1889年，他也有强大的预见能力。在《疯狂的花花公子：英国上流社会的最好和最坏》一书中，作者帕特里克·斯克里夫纳（Patrick Scrivenor）回忆道，当公爵被问到他是否会考虑辞掉他的私人糕点厨师，让其他五位厨师为他服务时，他回答说："一个人就不能吃块饼干吗？"

英国的上层社会可能代表着一种高度的自知之明，但这种自知之明随处都会出现。而缺乏预见光学的想象力并不会阻碍企业发展；企业及其领导也可以像英国的纨绔子弟一样忽略更重要的问题。看看英国石油公司或者乐施会（Oxfam）就知道了。

一、细节在危机中的重要性

2010年1月，在瑞士达沃斯的一次活动上，丰田章男（Akio Toyoda）首次公开谈论丰田汽车致命的"意外加速故障"，导致故障的部分原因是脚垫的设计缺陷。那场备受关注的撞车事故已发生四个多月了，事故导致加利福尼亚州的一家四口丧生，超过 900 万辆汽车被召回。丰田汽车首席执行官，创始人丰田喜一郎（Kiichiro Toyoda）的孙子对媒体说："非常抱歉。"他解释说，丰田仍在调查事故原因，并承诺会保证所有丰田驾驶员的安全。几个小时后，有人看见他驾驶一辆黑色奥迪汽车从酒店离开。

这是一堂糟糕的免费课程，这件事看起来有些糟糕，但也未必是坏事。丰田章男住在日本，所以客观地说，他在瑞士开的不是自己的车。如果这件事发生在其他时间，丰田章男能够欣然接受主办方为他安排的车，这种"普通人的真实性"深受公关界的欢迎。另一方面，也可以客观地假设，可能有人应该告诉他，面对如此大规模的危机，作为丰田的首席执行官不应该开奥迪车。

就像我们从海沃德的"我希望生活能重回正轨"中看到的那样，董事会成员的行为可能会与企业的实际情况严重脱节，这种脱节会导致盲点。即便本能驱使我们相信另有隐情，但是事件的表象也和事件的本质一样重要。事情本不应该如此，但它确实发生了，微小的细节成了巨大的视觉隐喻。设计糟糕的地垫，一辆黑色奥迪车，如果没有上下文，二者都是无关紧要的，但有了上下文，他们就变得极其重要。当危机发生，旁观者很难看到所有细节，因此，光学成为情绪触发器。

2008 年，议员报销丑闻发生后，389 名英国国会议员被告知退还报销款。你可能还记得一些名字和数额，有几项退款高达数十万英镑。然而，真正让人们生气的是彼得·维格斯爵士（Sir Peter Viggers）的浮鸭岛，这是丑闻的具象，尽管没有人真正看到这座岛。相较于研究几套复杂的房屋贷款,想象国会议员花园池塘里一个漂浮的鸭岛要容易得多。讽刺的是,向维格斯的索赔很可能没有成功,资料显示,一名官员拒绝向他索赔,因此很可能没有任何公共资金被用于他臭名昭著的池塘装饰物。但这并不重要,不管怎样,维格斯都因为报销丑闻辞职了。他在声明中说:"我犯了一个荒谬而严重的判断性错误。我感到羞愧和羞辱,非常抱歉。"

政治确实是糟糕光学的精神家园。一旦政客们出现可疑的行为,这样的形象可能会一直保持在公众的印象中,会影响事业的发展,损害他们的信誉。"看起来怎么样?"这就是11月的前几周,英国严格遵守的"罂粟表"季节里,所有英国议员都佩戴罂粟花的原因;这就是议员们避免被拍到靠近"出口"标志的原因(想象一下图片编辑们的乐趣);这就是英国工党前领袖埃德·米利班德(Ed Miliband)对自己不能正常吃培根三明治一笑置之的原因。

其他行业也存在糟糕光学的潜在问题。以石化行业为例:火灾、爆炸、废物都会让人深感不安。像英国石油公司这样的企业会面临严重的风险,因为一旦发生运营失败,事故后果可能会变成视觉地狱。想想漏油事件吧,我们凭直觉想象一下后果会如何?对我们大多数人来说,一说到"漏油",就会想象到垂死的海鸟、长着蓬乱皮毛的幼年海豹以及变成黑色的海滩。即便漏油发生在远海,视觉效果也出现了。

作为战略传播机构刘易斯(LEWIS)的创始人和首席执行官,克里斯·刘易斯在传播领域拥有30多年的经验,他建议客户在处理危机时,要时刻考虑视觉细节:"比如,在广播电视中需要考虑背景衬托,在着火的大楼前发表声明是没有意义的，大部分信息都是可视化的。

二、光学焦虑

糟糕的光学只是一种描述老问题的新方法。我们可以从2011年《多伦多星报》上的一篇文章中为当今危机管理焦点追根溯源。特别是下面这段，在一篇关于北约领导军事干预利比亚的文章中说道："伊拉克惨败后，美国总统巴拉克·奥巴马这几周都在为在另一个阿拉伯国家发动战争的前景而担心。"

在着火的大楼前发表声明是没有意义的。

这是主流媒体在这种情况下第一次使用"光学"。这篇文章发表不到一个月，《麦克米兰词典》（MacMillan）就将"光学"定为本周流行语："这个新的暗喻因当前利比亚的冲突而流行，例如，加拿大《多伦多星报》的报道就引用了这个词。"

作家凯丽·麦克斯韦（Kerry Maxwell）在她的评论中说道："简而言之，'光学'表征了一种现象，表示个人或企业担心公众对决策的看法胜过决策本身。"

过分关注事物的表象是非常冒险的营销策略。平淡的运营模式虽然无趣但是非常重要，麦克斯韦在总结光学时提炼了两个影响现代企业沟通的重要问题：企业和领导要么完全忽视光学，要么过于重视光学，缺少中间状态。这就是为什么企业会为明显微不足道的小事道歉，却忽略避开那些严重而普通的问题。乐购因让黑豹电影粉丝们生气而道歉，但当有人质疑他们通过社交媒体误导食品包装时，他们仅仅向提出质疑的人耸耸肩。在这样一个通过视觉传达意见的世界里，如果你看起来做得不好，那么即便你实际上做得很好也并不重要。你只是和你的光学一样好。

过分关注事物的外观是非常冒险的策略。

三、托普曼和利物浦人民

托普曼在他们的时代做了一些有失尊严的道歉。2011年，他们为貌似嘲笑家庭暴力的T恤衫道歉。2014年，他们的男士夹克上意外出现了纳粹徽章。他们为此道歉，然而他们为自己制造了麻烦。

2018年，由于一点小过失，托普曼陷入了复杂、充满糟糕光学的局面，如果不是因为这是绝佳的新闻素材，即便是最严厉的批评者也会从宽对待。由T恤衫引起的误解迅速演变为一场重大的阴谋论，情况最严重的时候，一些人真的相信托普曼是在嘲笑英国体育史上后果最严重灾难的受害者们。一名国会议员、一个受害者维权团体、一位时装教授和国家媒体都加入声讨的队伍中，最终，经历了公开羞辱之后，托普曼发表了一份毫无意义的道歉声明。

不出所料，这场误会始于推特。如果想进一步理解这场特殊的误会，就需要先了解两件事：1989年希尔斯堡（Hillsborough）惨案，这场惨案造成96名利物浦球迷惨死；鲍勃·马利的过往作品，包括B面和混音版本。托普曼发现必须两个事件都了解才不会出现与之相关的问题。

问题不止于此。托普曼出售的T恤衫是红色的，红色正是利物浦队比赛时队服的颜色。最能代表红色的是玫瑰，玫瑰又是约克郡

（Yorkshire）的标志，而希尔斯堡惨案就发生在那里，因此，玫瑰成为希尔斯堡吊唁的礼品。如果把这些信息综合起来，透过城市创伤和悲痛的镜头来看待T恤衫事件，很多人就容易理解人们的不安了。光学太可怕了。

如果以一位（可能）年轻的、非英国籍的时装设计师的角度来看待鲍勃·马利的过往作品，很多人很容易忽略这些内涵。

四、"托普曼的道歉来了"

这场争论演变成了一场文化拉锯战。一方希望立刻下架T恤衫，并要求托普曼道歉，这一方的大多数人和利物浦或其足球队有关。对他们来说，光学是最重要的，再多的解释也不能让他们满意，这不是在故意挖苦利物浦。另一方则认为整件事纯属巧合，就让它这样过去吧。这些人与利物浦没有任何关系，他们认为这件T恤衫不过是向鲍勃·马利致敬。对他们来说，企业运营的实际情况才是最重要的。托普曼被夹在两方中间动弹不得。几乎所有参与者都有一个共识，这是一个不幸的巧合，这件事看起来比实际情况要糟糕得多。这件事的问题是企业应该做什么，有些人只是想把握平衡。

我们不能把这场文化危机完全归咎于光学。如果光学能描述事物的外观，托普曼也必须考虑观众是谁。第一条关于T恤衫的微博发布24小时内，一位默西塞德（Merseyside）的议员在推特上关注了托普曼，无意间概括了企业应对光学问题时面临的困难："不知道事件深层原因是什么，但这非常不幸。希望你能尽快停售这款T恤衫。"

确实非常不幸,暂且不谈要求零售商因为"不幸"而下架产品的逻辑和伦理,有政客干预就是企业危机的转折点。托普曼的问题不再是简单的消费者满意度问题,而是一个政治问题。

对于企业来说,当有政客参与时,处理社交媒体的批评就会变得很棘手,尽管政客在推特上的影响力不一定比普通消费者大。虽然这位议员大约有 40000 名支持者,但是他的参与给媒体提供了很多的可能性。新闻标题就由"消费者批评零售商"变为"议员要求零售商撤回产品"。

批评托普曼的消费者也非常清楚自己对这种情况的影响。3 月 15 日,一位推特用户发布了一条消息:"托普曼的道歉来了……"。这很快就会变成只能透过指缝看到的局面。

更糟糕的情况还在后头。一旦希尔斯堡家庭支持小组(Hillsborough Family Support Group)被邀请就此事发表评论,这就真的是在羞辱托普曼了。媒体征求幸存者家属的意见,实际上是要求他们揭开伤疤以赢得公众舆论。这件 T 恤衫与一场重大悲剧的受害者直接相关,糟糕的光学必然会给托普曼造成极大的压力。他们除了道歉还能怎么做呢?即使他们没有做错什么。

托普曼并不是新闻报道中真正的坏蛋,病毒式新闻媒体及其主流媒体同行在放大负面效应方面发挥了关键作用,他们在标题中引用了最令人兴奋的社交媒体评论,并从各个不讨喜欢的角度塑造了托普曼的形象,比如,《地铁报》报道:"托普曼在发售'侮辱希尔斯堡灾难的 T 恤衫'后遭到攻击。"《独立报》报道:"在利物浦球迷和希尔斯堡幸存者的愤怒中,托普曼停止出售带有"96"字样的红色 T

恤衫。"《标准网》报道："托普曼96号T恤衫：严厉批评'无意嘲笑希尔斯堡灾难'搭配'善有善报'口号的红色上衣。"（这似乎过于危言耸听。）

当然，如果媒体能够因为公众愤怒获得更多的阅读点击量，那么期望新闻记者克制报道的欲望是非常幼稚的，但通过关注社交媒体上最奇怪的反应，他们竭力让托普曼的日子更难过，这种行为只是看起来有点刻薄。

对于冷静的人来说，这不过是一个不幸的巧合。但光学确实很重要，托普曼永远没有机会有尊严地离场。他们甚至还不知道发生了什么就已经准备好道歉了。公众期望带来的压力和扭曲的叙述让他们别无选择。当议员和受害者维权团体援引96名足球支持者的惨死事件时，你怎么能不道歉呢？

如果媒体能够因为公众愤怒获得更多的阅读点击量，那么期望新闻记者克制报道的欲望是非常幼稚的。

抛开光学不谈，托普曼的不幸提出了一个更广泛的问题：企业有责任对文化敏感性做出预期。批评者提出问题是对的。

托普曼是已知道T恤衫与灾难之间的潜在联系，却执意要做下去的吗？可能不是。他们有义务避免冒犯公众吗？可能也没有。在被指出错误之前，他们很可能对整件事一无所知，所以，他们为什么要遭受这些羞辱和接受这些损失呢？

尽管如此，托普曼还是道歉了，这种别无选择只能接受的情况非常罕见。我们不接受冲动、空洞的道歉，同时，也没有任何可行的危机管理方式能够让他们避免道歉，托普曼唯一能够做出解释的途径就是道歉："托普曼无条件为所有T恤衫造成的冒犯道歉。衣服的设计灵感来自鲍勃·马利的歌曲和歌曲的发表年份。衣服已经从线上线下销售中下架。"

尽管托普曼经历了严重的混乱局面，但他们的道歉还是不够坦诚，也永远不可能足够坦诚。首先，他们通过客户服务账户发布道歉声明，而不是更受欢迎的主账户，这让人们觉得不安。所以托普曼在主推特账户上发布了第二条、更长的声明，声明写道："非常抱歉。托普曼毫无保留地为我们的'围着转'T恤衫造成的冒犯道歉。这不是我们的本意；衣服的设计灵感来自鲍勃·马利的歌曲和歌曲的发表年份。衣服已经从线上线下销售中下架。我们非常真诚地道歉。"

这份声明表达的含义换句话说就是"你赢了"。这还是不够，一旦托普曼再次道歉，那些要求他们认罪的人就会转到下一个愤怒周期，要求解雇责任人。许多推特用户的要求从道歉升级到某人应该因此事被辞退。这一切都源自事情看起来的样子。

五、关注光学的成本

托普曼是一个极端的例子，这个案例说明光学可能让任何一家企业陷入困境。他们纯粹是因为运气不好而陷入了这场危机。实际上，一些企业是自愿接受同样水平的公众监督的。

纸追在推特上询问他们在《每日邮报》上刊登广告是不是不好；企业将产品召回归咎于光学："因为顾客的不满，我们选择召回商品。"多芬因为公众认为剪辑的广告版本看起来很糟糕而取消了整个广告活动，每个道歉的核心都是默然接受："如果你说它不好，我们会抛弃它。"如今，品牌已将伤害公众感情和扭曲的认知融入危机管理计划中。

当企业接受"看起来怎么样"作为关键的评判性能指标时，他们会邀请评论家审视他们言行的文化品性，从在社交媒体上发布的帖子到产品设计，包括社交媒体主管、企业首席执行官在内都会感到焦虑。

如今，品牌已将伤害公众感情和扭曲的认知融入危机管理计划中。

还有另一个缺点就是关注光学的成本很高。纸追的竞争对手很高兴见到纸追送上的这份大礼，并公开承诺永远不会向《每日邮报》的140万读者做广告，否认这是明显可以赚钱的广告渠道，而这个渠道是小规模的竞争者无法负担的。纸追的道歉中，最善良的是他们慷慨地为竞争对手提供公平的市场竞争环境，而在这个过程中折损了自己的利益。

道歉最多的品牌有两个共同点：光学焦虑，明显缺乏危机应对计划。有时企业必须做一些看起来不太好的事情，比如天气不好取消航班或者召回被动过手脚的产品，这并不意味着企业有问题。那些情况下，"看起来怎么样"会分散注意力，可能会造成企业的灾难。为了保证企业的行为、文化和声誉能够被公众了解，必须要有危机应对计划，计划必须建立在实际情况的基础上，提高企业坚定立场的意愿。托普曼运气不好，他们无法合理地避免道歉。纸追、乐购、伦敦大学学院、Zoopla和无数其他企业都可以选择展示他们的工作和做出解释，然而他们都选择了道歉。

考虑到道歉可能带来的巨大成本，企业应该对自己和股东负责，将悔悟看成一种宝贵的资源，而不是当作解释或辩解商业决策的借口。促使企业道歉的原因不应该仅仅是社交媒体的狂热。

第十六章
企业赔偿的真正成本

| 渗透式焦虑 |

| 寻求认同策略的变化 |

| 到底谁为星巴克的错误买单？ |

我们不想成为公共卫生间,但是我们总能做出正确的决定,给人们钥匙。——星巴克董事长霍华德·舒尔茨(Howard Schultz),2018年5月。

2018年4月,星巴克费城分店的一名经理因两名顾客在店内的行为报警,他引发了一系列改变星巴克企业文化的事件,星巴克为此事花费数百万美元,戏剧性地改变了公众对品牌的看法。

分店经理称,拉森·纳尔逊(Rashon Nelson)和唐特·罗宾逊(Donte Robinson),两位黑人,在被拒绝使用洗手间后拒绝离开。而这两个人解释说,他们在点咖啡之前在等一位生意伙伴,这期间他们要求使用洗手间。

其他顾客称,看到一位白人顾客虽然没有消费也使用了洗手间。警察以涉嫌非法入侵逮捕了纳尔逊和罗宾逊。对于那些旁观者来说,经理和警察貌似对纳尔逊和罗宾逊有种族歧视。几个小时之后,星巴克就陷入了一场引发全球关注的灾难性的文化危机。一位目睹逮捕过程的顾客记录了事件发生的过程,并将视频发布到推特上。在接下来的4天里,这个视频的观看量超过300万次。

> 几个小时之后,星巴克就陷入了一场引发全球关注的灾难性的文化危机。

起初,星巴克在推特上发布道歉声明,声称会"反思制度",但道歉并没有被公众认可,随后,首席执行官凯文·约翰逊(Kevin Johnson)再次道歉,他公开发表了一封392字的道歉公开信,却没有说"对不起"。

为了进行反种族偏见培训,这家咖啡连锁品牌宣布关闭8000多家分店，这将导致营业额缩水大约1670万美元，其竞争对手可能会高兴，而在此之前，对星巴克的批评都是关于原始事件和他们的处理方式。这是一个值得称赞的举动。

至少，星巴克是想让公众知道他们在做什么，反种族偏见培训是为了补偿纳尔逊、罗宾逊和其他关注危机发展的顾客而做出的值得信任的改进提议。星巴克准确发现了潜在的导致公司失败的诱因，并想予以纠正。在宣布停业后不久，星巴克做了第三次道歉，这次是提供免费赠饮的优惠券："非常抱歉。我们知道可以做得更好。星巴克重视所有有色人种，正在进行员工反种族偏见培训。最好的对话从一杯咖啡开始，我们想请你喝一杯。"

虽然这个道歉声明具备企业危机公关中承认错误、承担责任的全部特征，但它并不是星巴克发布的，这是一个流传甚广的赝品。网络上的恶作剧达人热衷于利用星巴克在公众场合表达悔悟的表现，向成千上万的人说明，星巴克向黑人赠送咖啡不过是其危机公关计划的一部分。

一、渗透式焦虑

在星巴克完成反种族偏见培训之前，他们非常焦虑和敏感，这成了被嘲笑和奚落的根源。一切进展得都不顺利。

虽然优惠券是假的，但确实产生了影响。作家兼喜剧演员布莱恩·夏普（Bryan Sharpe）分享了一段现已被删除的视频，视频的内容是他向星巴克收银员索要免费咖啡。夏普开启手机录像，走进店里对收银员说:"我听说你们是种族主义者,我来拿我的免费咖啡。"

收银员的回答表明她真的相信优惠券的骗局,她对夏普说:"这是真的吗?我是说我会给你咖啡。是的,我昨晚在推特上看到了这件事。"随后,收银员紧张而愉快地把一杯免费咖啡递给了夏普。

事实上,星巴克的员工也无法分辨真正的道歉和骗局,星巴克在表达诚意、试图赢得公众信任时的反应有些过激。

纳尔逊和罗宾逊基本上没有参与星巴克危机公关的过程,他们与费城达成和解,政府象征性地向他们支付1美元赔偿,并承诺设立一个20万美元的资助项目,帮助年轻企业家创业。他们与逮捕他们的警察之间的问题和与星巴克之间的一样多。

随后,夏普解释说他的恶作剧是为了取笑企业的敏感性以及星巴克表现出来的"白色内疚"。

尽管如此,星巴克还是因其危机应对方式受到赞扬。理论上,这是一个危机管理的优秀案例。

星巴克做了很多正确的决定。他们响应速度快,做出真诚道歉,并提出改正建议。他们悔悟的态度毫无疑问。客户服务专家谢普·海肯(Shep Hyken)在《福布斯》杂志上发表文章,称星巴克的响应措施是"管理品牌危机的完美案例"。但他们仍然为后续的危机管理方式感到担忧。星巴克知道全世界都在关注这件事,因此紧紧抓住救赎的救命稻草,他们的应对方式有些过激,这导致低收入员工承担了不应有的责任。

二、寻求认同策略的变化

除了店铺停业，星巴克还采取了一项政策，这项政策的成本可能更高，对声誉构成更大的风险。他们取消了之前的"必须消费"如厕政策，无论是否消费，任何人都可以免费使用厕所。政策背后的想法一片混乱，这一切都表现在优先权冲突问题上。星巴克匆匆忙忙推出了一些正面的新闻报道，却将两个完全不同的问题混为一谈：谁被允许使用厕所和种族偏见。

对于企业来说，即便商业模式是建立在人们在店内花费的时间之上，也有权制订只允许消费客户使用厕所的政策。大多数美国大城市的咖啡厅都有类似的政策，防止无事闲逛和引起反社会行为。

危机的本质问题并不是厕所政策是否公平，而是店铺经理不公平的执行政策，并报警使得事件升级。星巴克完成了员工偏见培训，照理说，应该已经解决了这个问题。

> 星巴克匆匆忙忙推出了一些正面的新闻报道，却将两个完全不同的问题混为一谈。

"必须消费"如厕政策之所以存在争议，是因为这个政策剥夺了社会弱势群体获得一个相对安全、私密空间的权利，比如那些无家可归的人和瘾君子。然而，这些问题都不是星巴克的问题。拉森·纳尔逊和唐特·罗宾逊既不是无家可归也不是瘾君子，他们只是没有点咖啡。事件的症结是带偏见执行政策，而不是政策本身。

如厕政策的改进措施并不必要，但它削弱了给两位准备喝咖啡开会的商人（拉森·纳尔逊和唐特·罗宾逊）造成的创伤。星巴克以两位消费者的特定遭遇为出发点，解决了公司政策其他方面的问题。

改变如厕政策对于尝试解决更广泛的社会问题，包括无家可归的人和瘾君子，都是有意义的事情，但是这绝对不包括星巴克对纳尔逊和罗宾逊的偏见，也不在他们受害经历范围内。如果对星巴克的批评是针对他们不公平的执行政策，那么解决办法不应该是取消政策，这只是简单的隐藏表象，而不是解决问题。星巴克的关注点已从危机应对管理转移到公众认知管理，本不应该这么做。

如果对星巴克的批评是针对他们不公平的执行政策，那么解决办法不应该是取消政策。

三、到底谁为星巴克的错误买单？

星巴克主席霍华德·舒尔茨针对新政策做出说明："我们不希望星巴克成为公共厕所，但是我们也会在100%的时间里都做出正确的决定，给人们钥匙。"舒尔茨急于取悦公众而做出的承诺要求全体员工达到一个不可能达到的企业道德标准。任何一家公司怎么能够100%时间都做出正确的决定呢？可以想象，一线工作人员听到这一决定后的压力，尤其是当他们知道任何人打一个电话就可以让他们暴露在不必要的全球媒体的监督中。

这凸显了夸张的、表演性质的企业危机管理的主要问题：企业发言人很少负责政策实施。提出新的如厕政策的人并不会负责清洁、安保、应对增加的客流或是管理开放厕所的风险。这些工作都属于收入不多的咖啡馆服务人员和安保人员。

第十六章 · 企业赔偿的真正成本

更糟糕的是,如厕政策推出后不久,星巴克发布了后续指南,为应对新政带来的破坏性行为,事实上降低了最初提出的创造一个热情、包容的空间的承诺,他们使用模糊的限定词,允许星巴克拒绝人们使用卫生间。

企业发言人很少负责政策实施。

星巴克提到的"破坏性行为"包括睡觉和大声说话,事实上降低了他们最初的承诺,将他们承诺的员工"100% 时间"会做出正确决定的过程复杂化。这永远不会是一项完全开放的政策,星巴克的管理者有效地创造了新政试图消除的不确定性。

星巴克和许多其他企业一样,选择了推卸责任。他们让薪酬最低、最弱势的员工为董事会的失败买单。星巴克的管理者邀请顾客和媒体对他们的一线员工进行不公平的公众监督。

被迫送出免费咖啡的收银员、承担"100% 时间"做出正确决定任务的工作人员,尽管所有人都可以使用,但仍然期望保持厕所清洁的工作人员,他们为星巴克的文化失败付出了代价。

然而,霍华德·舒尔茨并不需要达到这些雄心勃勃的标准。做出承诺几周后,他辞去了主席职务。2019 年 1 月,他宣布考虑竞选总统。

第十七章

道歉经济学：为什么道歉会花费 50 亿美元

| 道歉到底要花多少钱？ |

| 来自大自然的教训 |

| 补偿以及为什么 25000 可以成为神奇的数字 |

| 道歉的价值 |

| 特斯拉 50 亿美元道歉 |

| 道歉价值 73000 英镑？ |

危机公关

> 非常抱歉，之前在电话中没有礼貌。——埃隆·马斯克。

2018年对于企业来说，如果犯了错，有时甚至是没有出错，都有可能遭受声誉损害，实际损失是无法估量的。星巴克、美联航都曾陷入媒体审视的火海中。

某些情况下，失去客户可能是相对安全的声誉损害，但是这绝不适用于所有行业。声誉损害的速度因行业的不同而不同。假如两家公司陷入同样的声誉危机中，他们各自的行业状况决定了消费者的流失速度。想象一下，如果当地的时装店发布了一条你觉得被冒犯的广告，你很容易就可以做出是否购买该时装店商品的选择。而如果银行、保险公司或是移动公司也这么做，事情就会麻烦得多。

在高摩擦行业中，消费者可选择的程度取决于消费者行使选择权的难易程度，这些行业中的企业可以做低摩擦行业中的同行不能做的事情，这就是2017年优步只向被竞争对手来福车占领市场的纽约的消费者道歉的原因，他们不会同等对待没有选择权的人。

企业维护声誉确实需要成本，但衡量成本就像在枕头大战中数羽毛一样，你知道正在丢失羽毛，而停止战斗比衡量损失容易得多。衡量企业直接花费在道歉上的钱相对容易，但也绝不简单，这是实实在在的钱，美元和美分，英镑和便士，在企业忙于道歉时这些钱在慢慢溜走。

第十七章 · 道歉经济学：为什么道歉会花费 50 亿美元

一、道歉到底要花多少钱？

从两个方面说，道歉非常昂贵。第一，企业为实施补救措施需要增加运营成本，比如，封堵油井，召回产品和改变市场营销材料（螺母和螺栓）。第二，企业必须真诚道歉。

1982 年中毒危机中，强生公司（Johnson & Johnson）召回在美国销售的 3100 万瓶泰诺，造成 1 亿美元的损失。两个月后，泰诺胶囊重新上架销售，采用了防篡改的包装。这两个月里，强生公司免费提供泰诺药片，同时替代原有包装，开发了如今仍在使用的防篡改包装。召回、免费替换、客户流失以及为全新包装投入市场做的调研和开发工作，这些使得这次事件成为那个时代成本最高的危机事件。但强生公司的危机公关也是优秀的危机管理案例，强生公司因其快速响应和对消费者安全的承诺受到广泛赞誉。

简单的道歉并不便宜。

一旦运营危机得到缓解，企业就要开始考虑解决问题所需的成本投入，这可能包括企业为了向公众传达他们的道歉态度做出的赔偿和额外的宣传成本，这样简单的道歉并不便宜。钻井平台漏油事件后，英国石油公司在电视广播和印刷品上发布的道歉广告花费了大约 5000 万美元。

受《赫芬顿邮报》委托，舆观调查网尤尔夫对 1000 名成年人进行了民意调查，调查表明漏油事件的影响远没有结束。3 年过去了，59%的受访者表示广告并没有改变他们对英国石油公司的态度；11% 的受访者表示，广告让他们对英国石油公司的看法更加糟糕；28% 的受访者表示，广告改善了他们对英国石油的看法；2% 的人表示不太清楚这件事。

如果你认为企业虽然付出了高昂的代价却收获平平，其实，这些付出对于一些道歉的企业来说不过是零钱。在采取一系列糟糕的公关行动和无效的道歉之后，优步在他们的全球道歉之旅中付出了 10 倍的代价。在新任首席执行官达拉·科斯罗萨西（Dara Khosrowshahi）的领导下，公司斥资 5 亿美元开展"前进"运动，包括在电视广告、广告牌以及网络媒体上进行宣传，活动更关注企业价值观而不是道歉行为，这完全符合公众对科技公司道歉的期望。科斯罗萨西承诺，他会倾听公众的需求，他承诺会营造一种新的企业文化，为企业指明新的发展方向，并为客户提供更好的服务。优步并没有提到他们要做什么改变，也没有涉及人们关注的问题。

《广告周刊》记者比尔·波登（Bill Bourdon）认为："优步虽然宣传'前进'活动，却没有任何证据表明优步在以任何有意义的方式改变企业文化。"尽管投入很多，但毫无意义。与英国石油反响平平的表现相比，优步的"前进"运动几乎没有什么进展。根据阿尔法服务平台（Alpha）的一项研究表明，29% 的人不记得看过这些广告，32% 的人说他们尚未决定是否原谅优步，14% 的人明确表示不会原谅优步，只有 31% 的人表示既往不咎。优步真是劳而无功。

二、来自大自然的教训

有意义的行为不会便宜，这就是重点。生物学家扎哈维提出的累赘原理中提到了这种"昂贵的信号",累赘原理解释了利他主义、顺从和其他自然界中表面上反进化论的特征。在巴西的热带雨林中或是在开阔的塞伦盖蒂平原(Serengeti)上,累赘原理与董事会"夸大其词"的文化是一样的。发送信号的成本越高,可信度就越高,比如,丁鸟费力精心筑巢,这会给潜在的伴侣留下深刻印象的,丁鸟冒险证明了一些重要的事情。大自然认为识别虚张声势和欺骗的能力是进化的必要条件。

发送信号的成本越高,可信度就越高。

企业的沟通工作也是如此。摆出值得被信任的姿态是需要成本投入的。说话成本很低,所以任何人都可以说对不起,而真诚地道歉比只说对不起成本要高,所以当投入更多时,道歉也往往更真诚。因此,大企业在发布道歉声明时,会带着令人眼花缭乱的价格标签,这是有道理的。

这种昂贵的信号理论不包括与犯错相关的运营成本,比如退款和赔偿,但为了满足法律法规要求,企业必须承担这些费用。因此,企业并不会表现出较高的真诚度。消费者也不傻,当然明白这个道理。(这不意味着企业不遵纪守法是慷慨之举。2018年,你收到多少写着"我们关心你的隐私"的《通用数据保护条例》合规性请求?)

企业出于自愿做出严肃道歉,这样的行为会增加企业的运营成本,比如有些企业自愿召回产品,有些企业自愿改变营销活动以及近期播出的各种道歉广告。2018是道歉广告频发的一年,仅6月美国篮球协会总决赛的休息时间,就有富国银行、优步和脸书做出道歉,每个道歉的前期成本大概760243美元,还不包括生产成本。这些是严肃的道歉行为，不仅因为道歉成本很高，而且都是企业的自愿行为。企业做出的这些道歉属于对已发生事件的弥补措施而不是赔偿。

三、补偿以及为什么 25000 可以成为神奇的数字

2019 年 1 月，"棒约翰"创始人约翰·施纳特进行了公关角色扮演练习，那场灾难性的练习预示着约翰将离开自己的公司。在此之后，棒约翰为北卡罗莱纳州（North Carolina）历史上经济最困难的黑人学院贝内特学院（Bennett College）捐赠了 50 万美元。这显然是新管理层的公关举措，新任首席执行官史蒂夫·里奇（Steve Ritchie）在第二次为他前任的行为道歉时，承诺将开启漫长的企业文化重建过程，也承诺会为做出改变增加投入。

里奇在谈到捐款时说道："2018 年 8 月，我承诺成立一个公司基金，非常高兴，基金的第一笔款项是捐给一家与我们有相同价值观的慈善机构，我们同样秉承公正、公平、尊重和机遇的价值观。"

不是所有的赔偿都能让公众满意。2018 年，Topshop 在撤掉关于女权主义的书展 24 小时后，为女孩向上（Girl Up）机构捐款 25000 英镑，Topshop 的自我反省似乎做得有些过了，反而显得不够诚恳。书展主办方波莉·柯蒂斯（Polly Curtis）随后解释说，捐款可以弥补女孩向上机构因书展取消而造成的损失。

真诚地弥补过失并不是获得原谅的捷径，消费者对这些行为的反

应很大程度上取决于弥补措施的提供方，以及最终由谁来为弥补措施的费用买单，消费者不希望买单的是他们自己。

英国税务机关被揭露花费超过1万英镑向他们认为应该道歉的纳税人买花道歉，这实际上是在用纳税人自己的钱来安抚自己。纳税人联盟（TaxPayers' Alliance）首席执行官称此行为是"给失望的饱受压力的纳税人的荒谬而缺乏能力的道歉方式"。英国税务海关总署（HMRC）认为这更像"个人行为"。

捐款已成为标准的企业声誉管理规程，甚至成为弥补伤害性或冒犯性行为的捷径。不知为何，不管是哪种货币，25000似乎是很受欢迎的数目。比如，2013年，Topshop和唐可娜儿（DKNY）在遇到麻烦后都捐了25000美元。由于未经摄影师布兰登·斯坦顿（Brandon Stanton）授权，擅自使用他拍摄的照片，斯坦顿要求，Topshop和唐可娜儿将道歉补偿款捐赠给基督教青年会（YMCA）慈善机构。起初，斯坦顿提出的赔偿金额为10万美元。众筹平台敲门砖（Kickstarter）发布了一个约会指南，宣扬对女性实施强制、暴力行为，为了弥补此次失误，平台向反性暴力慈善机构雷恩（RAINN）捐赠25000美元。2018年，爱尔兰的航空公司爱尔兰航空公司（Aer Lingus）因指控员工偷窃做出道歉，并向两个慈善机构捐款25000欧元。也许是25000这个金额正好合适，捐款者大部分是富有的公众人物和企业，25000既不太多，不会对捐款者造成经济负担，也足够多，看起来是有意义的。

四、道歉的价值

赔偿让我们了解了企业为道歉需要投入的成本，但没有说明道歉的价值。道歉让 Topshop 付出 25000 英镑的代价，而棒约翰却花费了 50 万美元（约 386000 英镑）。那是不是意味着棒约翰的道歉比 Topshop 的更有价值呢？是他们表达了 15 倍的歉意，被道歉人表现出 15 倍的满意度吗？不太可能。这些都是不受市场影响的自愿行为，不可能用来衡量道歉的实际价值，道歉的成本投入是任意的。

为了理解道歉的价值，我们需要知道，如果不道歉，企业理论上的财务成本是多少？可能的损害是什么？这是很难衡量的。原因有很多，因为一旦企业道歉，那么不道歉可能带来的损害就不复存在了。企业可能仍然会遭受声誉损害，但这些损害都不是没有道歉造成的。

一种可以衡量企业不道歉可能造成的损害的方法就是追踪企业在两个时期的际遇：一个时期是即将到达被要求做出道歉的时限；一个时期是道歉发布之后。这时股市就能派上用场了。

五、特斯拉 50 亿美元道歉

2018 年 8 月，特斯拉首席执行官马斯克的道歉被投资银行资本市场公司（KeyBanc Capital Markets）称为"史上最有价值的道歉"，特斯拉股价飙升 8.5%，股票价值增长了 47.5 亿美元。

据报道，马斯克在季度财务电话会议中，对之前电话中粗鲁对待华尔街（Wall Street）分析师的行为深表懊悔。但他的道歉不是为了安抚受伤者的感情，而是修复他作为首席执行官的信誉。

美国全国广播公司财经频道报道："马斯克说：'我对之前电话中不礼貌的态度道歉。'"马斯克的道歉仅仅用了 10 个字，平均每个字对特斯拉的股票产生了 4.75 亿美元的价值。

媒体和消费者可能会喜欢过分情绪化的悔悟，但是市场不会。

不过，道歉必须足够好才能起到积极作用，不好的道歉也会造成公司股价下跌。2011 年，网飞公司（Netflix）无预警提高价格，事件发生两个月后公司都没有做出道歉。当首席执行官里德·黑斯廷斯（Reed Hastings）最终发布道歉声明时，却隐瞒了一些重要的细节，比如为什么提高价格，他甚至试图通过道歉声明偷偷发布新产品，一个游戏租赁服务。这导致公司股价下跌 7.4%。

2018 年 3 月，脸书和剑桥分析的数据泄露丑闻被曝光之后，脸书首席执行官扎克伯格在接受有线电视新闻网采访时做出道歉："这次事件严重损害了公众对脸书的信任，我真的很抱歉发生这种事。"脸书的股价迅速下跌 2.7%。即使是私营企业，他们的际遇也可以衡量道歉的价值，或是不道歉可能造成的损失。在优步声誉危机最严重的时期，尽管做了一系列公开道歉，优步的股值还是下跌了大约 100 亿美元，道歉并没有弥补损失。最终，首席执行官卡兰尼克（Kalanick）离开了公司，优步为他们的道歉之旅又付出了 5 亿美元的代价。

企业的一切行为都关乎信誉问题。管理层的业绩、说服股东相信他们可以把握企业正确的发展方向的能力都直接影响到股价。当首席执行官的立场动摇时，公司的价值也会随之波动。美联航首席执行官穆尼奥斯的首次道歉，也就是臭名昭著的"重新安置"丑闻，见证了其母公司联合大陆控股有限公司（United Continental Holdings）股价下跌 4% 的遭遇，造成公司市值蒸发了近 10 亿美元。穆尼奥斯的第二次道歉表现得稍微好一点，但也并非完美，随后，联合大陆控股有限公司（UCH）的市场价值恢复了大约 7.5 亿美元。

企业声誉危机期间，投资者对企业的信心与企业采取的应对措施相关。媒体和消费者可能会喜欢过分情绪化的悔悟，但市场不会。2018 年的一项研究强调了乐购小题大做的问题，为防止股价剧烈波动，企业的道歉行为应与过错相称，该研究非常清楚地阐述了企业道歉的义务：当被批评时，只有你真的做错了才要道歉。不必要的道歉和不道歉一样会给企业造成损失："在不需承担责任时做出道歉和应该承担责任时不道歉都会给股东造成经济损失。"

研究还表明，对于上市公司，危机期间企业选择的道歉者的身份，是首席执行官还是一位资历较低的职员，直接影响投资者的信心。企业对特定事件的认真程度取决于安排高层领导出面的速度，以及避免高层领导出面的难易程度。梅林娱乐公司第一时间就将瓦尼推到幕前，但并不是所有企业都会这么做。

当然，道歉甚至可以在纠纷中起到杠杆作用。许多诉讼在当事人道歉后就撤回了。2013 年，歌手鲍勃·迪伦（Bob Dylan）因一次采访中的言论受到一个克罗地亚社区团体提起法律诉讼的威胁。团体发言人伊万·尤拉西诺维奇（Ivan Jurasinovic）对《每日电讯报》说："如果迪伦道歉，我们将撤回诉讼。我们的目的不是伤害任何人，而是希望让他承认之前的言论不是真心话，他对此表示后悔。"

六、道歉价值 73000 英镑？

股市可能可以实时衡量投资者的信心，但这只适用于公开交易的企业，其他类型的企业是不适用的。幸运的是（至少就本书而言），不管对于道歉者还是被道歉者，臭名昭著的美国私人医疗诉讼世界都是一个质询道歉实际价值的典型案例。为了了解原因，我们可以先来看看 1986 年发生在马萨诸塞州（Massachusetts）的事件。

几年来，马萨诸塞州一直是立法怪胎。1986 年，它成为第一个也是唯一一个将法律引入医疗事故，防止将道歉作为责任证明的州。这项法律使得该州的医疗服务人员不用担心他们的道歉会被当作医疗事故的证据。接受道歉的病人仍然有权提起诉讼，但道歉不能作为责任证明。2005 年，参议员克林顿和奥巴马共同发起了《国家医疗法案》，在全国实施道歉法。截至 2018 年，36 个州采用了与马萨诸塞州相同或类似的法律。

除马萨诸塞州以外，至少到 2009 年前后，大多数州实施道歉法之前，医疗行业对于道歉的态度就是不道歉。即便有病人死亡，也是如此。该行业的法律咨询人士认为，道歉会招致诉讼。假如病人和病人家庭得到道歉，他们就会以此作为起诉医疗机构的证据，因此，病人和病人家庭都没有得到道歉。

出于对诉讼的恐惧，医疗机构不仅不会安慰病患，而且不会告知病患发生的意外情况和医疗失误，这种恐惧营造了一种保密的氛围。此外，周围的焦虑情绪和不确定的责任感培养了医生从事"防御性医疗"的倾向，包括要求患者进行非必要的诊断化验。医生认为，与其因为疏忽而被起诉，不如给病人多进行一项化验。这种对诉讼的恐惧不仅没有避免道歉，还提高了医疗成本。

由于1986年马萨诸塞州修改了法律，两项关于医疗事故诉讼的假设最终被认定是错误的：第一，道歉引发诉讼；第二，不道歉减少诉讼。这两种假设都是错的。2018年，斯坦福大学健康研究与政策教授、法学教授米歇尔·梅洛（Dr Michelle Mello）博士主持开展的一项研究发现，"当原告认为与医疗机构不能做很好的沟通或医疗机构试图掩盖过失时，常常会提起侵权起诉"。这项研究表明，病人由于得不到道歉，愤怒之下会提起诉讼。

病人如果得到道歉，就会以此作为起诉医疗机构的证据，因此，他们没有得到道歉。

随着"道歉法"的逐步实施，人们有可能会比较企业道歉和不道歉在成本上的普遍差异。2010年，开展了一项关于国家道歉法效力的研究，研究主题为："对不起有用吗？"这项研究调查了法律实施前后平均的赔偿金水平。研究发现，这些法律的实施使得"……情节最严重案件的赔偿金平均减少了5.8—7.3万美元，'稍微'严重案件的赔偿金平均减少了7000—14000美元"。

研究的作者本杰明·霍（Benjamin Ho），现任瓦萨学院（Vassar）行为经济学副教授，和伊莲·刘（Elaine Liu），现任休斯敦大学经济学副教授，得出结论，至少短期内，这项法律能促使最严重的医疗事故案件得到更快解决，并支付更低的赔偿金。同时，作者断言病人的愤怒情绪是诉讼的激励因素，道歉可以减少医疗服务人员面临的诉讼数量，降低赔偿金额。

道歉法的出台不仅仅意味着更多的病人可以获得应有的道歉，医疗机构也可以从中受益，可以降低理赔成本，因此，所有人的医疗保险的成本都降低了。

第十八章
危机沟通和潜在危害：企业如何从竞争对手的道歉中获利

| 至少我们不是优步…… |

| 按需指责——810亿美元市场将摧毁你的声誉 |

| 鲜花速递及反垃圾邮件的意外收获 |

为每个人创造一个包容的环境不仅是一个目标,更是我们企业文化的重要组成部分。请通过邮件发送您的记录编号(DM)。——美国航空公司,2018 年 11 月。

想一想企业为道歉和解决问题需要付出的代价,危机事件对企业造成的潜在危害是显而易见的,这种危害不只是网络恶作剧者制造假的代金券这么简单。大型企业可以直接从竞争对手的窘境中获利,为此,许多企业准备投入时间、金钱和创造力来达到这样的目的。

2018 年,汉堡王从肯德基的鸡荒危机中发现了商机,迅速开展促销活动,为因买不到鸡肉而不高兴的肯德基消费者提供打折鸡肉。他们甚至还找到了一位特别生气的顾客,并为她提供了一年的汉堡王"王盒"。

类似的,2018 年夏天,罢工造成航班取消和中断,瑞安航空为此道歉,并在此次"突发事件"中苦苦挣扎。其竞争对手易捷航空(EasyJet)因此获利,年利润暴涨 1 亿英镑。

运营危机为企业提供了利用竞争对手的机遇。

像这样的运营危机为企业提供了利用竞争对手困境的机遇。但是,机会转瞬即逝。一旦错失,就一去不复返了。然而,文化危机是长期存在的,如果企业准备打持久战,坐等竞争对手的不幸遭遇或愚蠢行为,那么文化危机将成为他们持久战的奖励。

一、至少我们不是优步……

2017 年,这样的机遇出现在美国共享车辆应用软件来福车面前,

第十八章 • 危机沟通和潜在危害：企业如何从竞争对手的道歉中获利

它恰好可以从竞争对手优步的文化问题和相关道歉事件中获得极大的利益。

在优步被指控破坏一次抗议活动和肯尼迪机场发生的纽约市出租车罢工行动之后，仅在当年1月优步就损失了20万用户。工会出租车司机罢工声援抗议者，与此同时，优步发布了一条推特，宣传他们在肯尼迪机场的车费，优步为此受到了强烈抵制，虽然他们迅速做出道歉，但这没有丝毫帮助。对许多人来说，这是最后的那根稻草，优步平台开始流失用户。随后，一大批对优步不满意的用户转而使用来福车。用户从优步转向来福车的速度很快，"删除优步"的推特话题成为流行趋势后，来福车一跃登上苹果应用商店下载排行的第一名。

并不是来福车突然提供了比优步更优质或更省钱的服务。相较于优步的文化过失，来福车更受欢迎，这是他们期待已久的。优步自乱阵脚成为来福车发展战略的一部分。

作为政治评论员和解释性新闻网站资深编辑，埃兹拉·克莱因（Ezra Klein）在优步文化危机达到顶峰不久后指出，来福车一直乐于让自己的竞争对手冒着备受争议的风险对抗监管部门，然后，来福车就"跟在后面，留着小胡子，开展友好的公关活动，做了一些优步做过的事情，却没有遭受声誉损失"。克莱因说到的"小胡子"是来福车的品牌形象不可缺失的一部分；与优步华而不实、阻挠工会的单色极简主义相比，来福车的形象友好而奇特。

克莱因总结说："要想从竞争对手的失误中获益，就必须能够满足焦虑骑手们的需求，那就是一家看上去确实不错的代驾公司，一家可以代替优步且值得信任的公司。"

在消费者厌烦之前,品牌能够做出道歉的次数是有限的。当消费者意识到品牌行为并没有随着道歉而全面改善时,信任就会迅速破坏。事实上,根据经济学家团队对优步多次道歉的绝对成本开展的研究表明:"未来,接受道歉的消费者要求会更高。如果达不到标准,道歉就会适得其反。"

"在某些情况下,道歉,尤其是重复道歉,比不道歉更糟糕。"优步的用户不只是抱怨或要求更多的道歉,他们还用脚投票。优步和瑞安航空以及其他很多多产的道歉者一样,已经用完了他们的道歉配额,可以说"对不起"的次数已经用尽了。

二、按需指责——810亿美元市场将摧毁你的声誉

如果消费者对品牌的价值失去信任,相较而言,这种情况对品牌的竞争对手就更有利,因此,这会给竞争对手带来潜在的巨大福利。这就变得非常危险,特别是对于低摩擦市场的企业来说,消费者很容易改变供应商,比如航空旅行或共享乘车。

如果消费者对品牌的价值失去信任,会给竞争对手带来潜在的巨大福利。

企业蓄意引发竞争对手的声誉危机,让他们接受超过应对能力范围的更高程度的公众监督,并不需要巨大的认知飞跃就可以想象出这样的世界。事实上,类似的事情已经发生很多年了。

第十八章 · 危机沟通和潜在危害：企业如何从竞争对手的道歉中获利

2014年，11家全球顶级公关公司签署了一封联名信，承诺不再通过编辑客户的维基百科信息来隐藏公众对客户的批评或提升正面报道。《商业内参》的凯蒂·理查兹（Katie Richards）称此举为特赦："这份声明实质上是承认多年来公关机构为客户编辑维基百科页面的行为，表面上是为了删除"错误"，但也是为了删除公司的负面信息，并增加一些'好消息'。"

尽管这些公关公司承诺不会再编辑客户页面，但他们从来没有承诺不会再编辑客户竞争对手的页面。尽管没有证据表明有任何一家签署联名信的公司热衷于这么做，但事实确实如此。

所谓"黑色公关"，就是利用网络抹黑对手或他们的业务，以破坏消费者信任为目的的黑暗艺术，这是很常见的事情。2014年，全球最大的两家公司腾讯和阿里巴巴被发现相互之间使用了这种方式，最终引发了一场规模庞大、令人惊恐的骂战。《南华早报》报道："显然，两家公司都懒得否认这些诽谤行为，这证明了"黑色公关"的做法被普遍使用和接受。"

相似的情况也出现在美国。2018年8月，总部位于加利福尼亚的航班比较服务公司"廉价航空（CheapAir）"公布，公司收到一家名为科技开发公司（STD Company）的通知，并以"审查轰炸"为威胁要求支付赎金，宣称将调用大量负面评论和负面社交媒体帖子向公司施压。

2018年8月，廉价航空公布了一封来自科技开发公司通过技术网页主板（Motherboard）接收的威胁邮件："我们擅长利用网络破坏个人或公司声誉。"科技开发公司甚至给廉价航空展示了一篇推文："廉价航空是彻头彻尾的骗子！我损失了1440美元，他们不看我的邮件。大家要远离廉价航空。"在这种情况下，一个缺乏经验、焦虑不安的社交媒体主管必然会主动做出道歉。在航空业这样低摩擦的行业中，这样的例子比比皆是。

在2018年11月15日之后的一周内，美国航空公司在社交媒体上道歉超过700次；其中许多都是针对随意的投诉和微不足道的抱怨，但也相当一部分是关于文化批评，其中至少有11项是对其种族主义的严厉指责。这样的批评会演变成文化耻辱，永久性地损害品牌声誉，相比之下，其竞争对手会显得更受欢迎："洛杉矶机场的但丁（Dante）是我们经历的最差、最具种族主义的客服代表@美国航空。再也不坐美国航空公司的飞机了！"

美国航空公司回应了6项种族主义指控，每次都提到他们的反种族主义政策。美国航空公司仅用了8分钟就回复了上述负面评价的微博评论，回复内容如下："为每个人创造一个包容的环境不仅是一个目标，更是我们企业文化的重要组成部分。请通过邮件发送您的记录编号。"

美国航空公司致力于捍卫自己的企业文化。他们知道有毒的企业文化会破坏他们的道德底线，只有承认错误才能平息批评的声音。想象一下，为应对每一个类似的网络批评企业需做出多少努力和付出多少代价。而如果美国航空公司的竞争对手愿意，他们可以通过引发文化批评使美国航空公司陷入困境。

廉价航空首席执行官杰夫·克莱（Jeff Klee）似乎准备坚决抵制对其品牌声誉的威胁："我们绝对不会向这些网络暴徒支付赎金，但

第十八章 • 危机沟通和潜在危害：企业如何从竞争对手的道歉中获利

为了与其做斗争，我们仍然必须投入大量的时间和资源。"他们为解决问题做出了明智的决策。如果没有提前公布受到威胁，就更难控制损失了。对他们来说，还有另一种可以选择的方法是先做出道歉，随后再提出质疑。但一旦做出道歉，企业就等于承认了出现过失。

如果任何一家采用"黑色公关"手段的公司决定将工作中心从审查敲诈勒索转向按需公开羞辱其他企业，这样的生意会非常有市场前景，他们需要的基础设施和需求市场已经就位。网络红人可以通过线上推广品牌获得报酬，截至2018年，全国广告商协会75%的成员表示，他们会与有影响力的人合作。如何阻止一家黑色公关公司聘请一位有影响力的人，为客户的竞争对手制造麻烦、要求对方道歉，并以此作为今后可利用的把柄呢？毕竟，对于缺乏经验（或因危机疲惫不堪）的社交媒体高管，或者像星巴克收银员这样的一线员工，接受并同意批评人士言论的机会太多了。

事实上，采用"黑色公关"手段的事情可能正在发生。美容行业的一些知名网络红人称，他们已获得8.5万美元的佣金，工作任务就是对某些品牌做出负面评价。化妆师和网络红人凯文·詹姆斯·贝内特（Kevin James Bennett）拥有超过4万名粉丝（截至2018年12月），他声称知道其他网络红人也会收费为品牌在网上抨击他们的竞争对手。

另一位拥有超过1000万翻书本粉丝（截至2018年12月）的著名美妆红人詹姆斯·查尔斯（James Charles）表示："我从未受邀参与诽谤行为，但我确信这样的事情确实会发生。"

有影响力的人甚至不需要是真正的人，一个名为"时尚警察（Diet Prada）"的翻书本账户拥有97万粉丝（截至2018年12月），该账

| 危机公关

> 影响者经济的影响范围广、影响能力强，而且收益丰厚。

户揭露了大量的时尚抄袭现象，其唯一职责就是批评时尚品牌的各种违法行为，包括剽窃设计、文化抄袭等等。

尽管现在已经知道账户运营者的身份，但他们从2014年12月账户成立之初到2017年10月都是匿名的，到那时，他们已拥有了大量的粉丝和公开嘲笑知名品牌的声誉。

时尚警察已设法让一些世界上最有影响力的时尚品牌，包括古驰和金·卡戴珊（Kim Kardashian）做出"澄清"，他们的关注甚至迫使美国奢侈品连锁店诺德斯特龙（Nordstrom）将涉嫌抄袭的珠宝设计从收藏品中删除。

诺德斯特龙发表声明："我们会认真对待这样的情况，并与露露丹麦（Lulu DK）和丹妮尔·伯恩斯坦（Danielle Bernstein）合作，删除每一个有问题的商品。我们很高兴能让顾客在5月9日购买其余收藏品。"

影响者经济的影响范围广、影响能力强，而且收益丰厚。2016年，各品牌花费810亿美元用于聘请有影响力的人说正确的话。没有迹象表明有人聘请时尚警察在网络上对其他时尚品牌展开批评，但是，显然这样的活动是有市场的。

有影响力的人一夜之间就能破坏一个品牌的声誉，一些品牌公司非常害怕这种影响力。因此，即便是假的，有影响力的人也能让品牌屈服。一位知名太阳镜品牌的老板告诉《大西洋月刊》文化杂志，最初，当从未听过或和合作过的社交媒体账户表现出已经与他的品牌建立了商业合作关系，在翻书本上感谢他的品牌，并公布与其合作时，他觉得非常困惑。

原来，这些用户试图通过模仿知名账户的行为冒充真正有影响力的人，这些行为包括公布合作者、感谢赞助商和推广他们的产品。尽管假的品牌大使可能给企业带来名誉风险，但这个太阳镜品牌的老板也不敢叫停。

"这些人是为了吸引更多的关注，所以如果他们想让自己看起来像是被品牌冤枉了，他们就会这么做。"对于品牌老板来说，更害怕惹恼一个不知名的翻书本账户，而不是被当众欺骗。

一旦市场条件合适，影子影响者经济可以，也可能会快速增长。考虑到黑色公关、影响者营销以及竞争对手被迫公开道歉带来的机遇，可以想象，企业应该会拥有一本名册，名册上的内容就是那些可以为客户竞争对手制造麻烦的"激进分子"的账户。如果你觉得这很难以置信，想一想谷歌为从搜索结果中清除垃圾邮件而改变计算程序时发生的一切。

三、鲜花速递及反垃圾邮件的意外收获

2013年2月，鲜花递送网站"鲜花速递"从谷歌的搜索结果中短暂消失。这个曾出现在像"送花"和"鲜花递送"这样高利润关键词的搜索结果中的网站完全消失了。即便是搜索"鲜花速递"也找不到这个网站。这件事发生在从情人节到母亲节这段时间，也是一年中鲜花速递最忙的时候。

"鲜花速递"的竞争对手非常乐意看到线上鲜花速递行业的佼佼

者在市场上消失，他们不用投入额外的营销费用，最强劲的对手就这样消失了。所以，发生了什么？

2012年之前，通过购买"垃圾邮件"链接很容易提高网站在谷歌搜索结果中的表现，这种弄虚作假的行为形成了所谓"搜索引擎优化（SEO）"的现象。这些从低质量网站批量购买的链接可以骗过谷歌的算法，使得网站被视为比实际情况更受欢迎和更有用。

如果谷歌认为网站更受欢迎、更有用，在相关搜索结果中的排名就会更靠前。如果网站能在某些关键词搜索中排名靠前，例如，"不良信贷抵押"或"损害赔偿律师"，那么网站的所有者会很快获得丰厚收入。因此，通过购买垃圾邮件链接快速增加访问网站的人数，这种做法一度可以获得丰厚利润。

2012年，谷歌试图阻止这种情况，它引入了一种可识别网站是否获得付费链接的新算法。此次算法更新是为了降低利用非法手段提升搜索排名的垃圾网站对谷歌搜索引擎的影响。

算法更新之后，如果谷歌怀疑网站继续使用这种方式，反垃圾邮件团队可以手动将网站从索引中删除，鉴于谷歌在搜索引擎领域的垄断地位，被谷歌从索引中删除对企业来说是灾难性的。

鲜花速递的短暂消失就是企业操纵谷歌搜索结果的危险预兆。一旦鲜花速递上了谷歌黑名单的消息传开，提供"负面搜索引擎优化"服务的家庭作坊会立刻出现。只要出钱，你可以像谷歌对待鲜花速递那样对待自己的竞争对手，犯罪集团会为他们的"杰作"感到非常得意。

一旦诡计得逞，企业的营销投资就会从宣传自己的网站转向破坏竞争对手的网站，而企业的竞争对手就要在网络上打击此类行为了。

第十八章 • 危机沟通和潜在危害：企业如何从竞争对手的道歉中获利

这种做法变得非常普遍，以至于企业开发针对他们网站的"负面搜索引擎优化"检测软件。谷歌推出了自己的工具，网站所有者可以"否认"任何针对他们网站的垃圾链接，这为所有相关企业提供了有效的"特赦"。

企业只要拥有贝宝（PayPal）的账户就可以相当容易地给竞争对手造成负面影响。负面搜索引擎优化的受害者不得不投入资金来监控针对他们的垃圾邮件链接，一旦被命中，就需要投入更多的资源来做澄清，才不至于受到谷歌的惩罚。很多人通过损害竞争对手，销售负面搜索引擎优化和修复工具赚钱。

这种思想也会被应用到危机管理中，在愤怒资本主义的框架内，鼓励制造文化批评是显而易见的。多数情况下是批评企业文化而不是运营方式，批评被武器化，文化问题比运营问题更难反驳。对于企业来说，看到竞争对手屈服，并为毫无根据但很难反驳的文化危机道歉而付出代价就是看到了发展的机会。网络基础设施已经存在，媒体羞辱企业的欲望也很强。企业想要从潜在的负面影响者营销和精心策划的"文化问题"中获得巨大利益，就需要一个完备的危机沟通计划，包括一个如何应对文化批评的指南。

企业的营销投资会转向破坏竞争对手的网站。

很多企业只是没有准备好应对这种威胁，也许永远都准备不好。文化问题引发的风险，即使是毫无根据的指控，也很难接受。美国公关顾问、AA 美国服饰前市场总监、《相信我，我在撒谎：媒体操纵者的忏悔》的作者瑞安·霍利迪（Ryan Holiday）认为，对抗文化指控毫无意义。在谈到假设客户因种族主义或性别歧视受到指控时，霍利迪说:"我会建议他屈服并承认。然后我会道歉。我会告诉他整个体系都被破坏,变得邪恶,我很抱歉他受到攻击。但是什么都做不了。"

第十九章
清洗道歉：超市和议员如何被骗道歉

| 清洗道歉 |

| 清洗道歉——媒体如何操纵一场关于风味的争论 |

| 伪证与含混不清语言的武器化 |

> 我们没有指定谁应该吃这个三明治。——维特罗斯（Waitrose），2018 年 10 月。

道歉不是免费的，成本很高。公开道歉受制于事件的复杂程度，而个人之间的道歉就容易得多。当有人关注事件发展时，道歉就显得更加重要了。道歉可以影响企业股东的利益，影响诉讼结果，更不用说企业声誉了。

对企业的公开羞辱是可以策划制造的。我们通过探讨来福车、优步、汉堡王和肯德基的案例，就了解这些策划是如何起作用的，以及按需制造批评是如何成为新版影响者营销策略。媒体也参与了这场游戏，他们和企业的竞争对手一样，也会从企业遭受的羞辱中获利。

当道歉足以让道歉者感到羞耻时，媒体的报道往往表现出假惺惺的担忧，以此来吸引读者的关注，增加阅读点击量。如果新闻标题带羞辱之意，特别是涉及我们不喜欢的人，我们肯定会点开阅读。媒体报道让企业丢脸的事情会有两方面的价值：明显的是页面浏览量的增多，当然，还有一些党派借此机会庆祝狂欢。部落制度要求各方媒体都加入这场游戏中，主流媒体成员似乎乐于陶醉在行业竞争对手丢脸的事中。

如果新闻标题带羞辱之意，我们肯定会点开阅读。

2016 年 10 月，《每日邮报》报道："由于一名强硬派支持者撰写的科尔宾（Corbyn）火车电影的报道，《卫报》被迫道歉。"该来的总会来的。2019 年 2 月，生活杂志《入围名单》（Shortlist）报道："因误导巴黎的文章，《每日邮报》被迫发表带有羞辱性的道歉声明。"

羞辱性道歉也是让媒体了解读者政治对手的很好的方式。2019年1月，《每日电讯》报道："在亚历克斯·萨蒙德（Alex Salmond）赢得性骚扰诉讼后，尼古拉·斯特金（Nicola Sturgeon）发表羞辱性道歉。"2017年3月，《每日镜报》报道："美国就军情六处（MI6）帮助巴拉克·奥巴马暗中监视特朗普的指控向英国发表羞辱性道歉声明。"

当企业发表羞辱性道歉时，病毒新闻媒体也会从中受益。愤怒资本主义的营利模式要求他们尽可能多地报道企业道歉的新闻，吸引读者的注意力，让所有人为一双袜子或一则措辞糟糕的广告感到愤怒。

一、清洗道歉

1998年，日本终于向"二战"期间的英国战俘道歉。这个道歉等了太久。道歉做得很好，日本首相桥本龙太郎（Ryutaro Hashimoto）表达了真诚的歉意，并说道："道歉不会让逝者重生。但我希望英国人民能够了解道歉的本意。"

不仅是道歉的历史意义，还有它的呈现方式，都使得这次道歉事件备受关注。桥本没有做电视道歉，也没有写道歉信，而是在《太阳报》上发表了他的道歉声明。声明发表后不久，英国广播公司声称，英国政府曾鼓励桥本在《太阳报》上发表独家道歉声明，他们"可能与《太阳报》提前沟通过，为其提供独家新闻，在去年的选举中，《太阳报》是工党的支持者"。在被《独立报》琼·史密斯（Joan Smith）称为"私人道歉时代"中，实际上，"二战"期间日本行径的受害者和桥本道歉的预期接受者必须付费才能阅读这篇文章。

长期以来，媒体促进了价值交换制度，这个制度为公开道歉的发布和获取提供支持。接受这个伪经济制度的同时，我们也必须接受这样一个明确且令人郁闷的事实：道歉是一种交易。有交易的地方诈骗就会随之出现。尽管如此，不需要道歉的人往往会发现自己也得道歉。

喜剧演员、《卫报》专栏作家大卫·米切尔（David Mitchell）称此为"公共生活中的敲诈勒索"："一旦你要求道歉，逻辑上，在接受到道歉之前，你可以持续要求。通常，被要求道歉的人为了平息事态会做出道歉，在找碴方面，他们是无法与抱怨者相比的。"

作为高调的公开羞辱的发起者，权益团体、推特有影响力的人和各种自告奋勇的公共行为监管者，热衷于（或作为职业）引发产品退市、道歉和取消营销活动，从而提高自己的公众影响力。

2010年，吉莉安·达菲（Gillian Duffy）得到英国首相戈登·布朗的道歉（见第九章），并从中获得了可观的收益；她的政治观点直到2016年仍被主流媒体青睐。2009年，此前默默无闻的卡尔·拉森（Carl Larson）就降低折叠自行车托运费问题向捷蓝航空施压，被誉为英雄。媒体对他进行了大量的报道。美国有线电视新闻网称赞他是改变航空业的强势博主。当商业巨头为造成的不良后果承担责任时，会有人不受益吗？

极少情况下，那些被要求道歉的人会拒绝道歉，尽管如此，道歉仍然被记入公共记录中。如果在理解了愤怒资本主义不正当的激励措施之后，还认为媒体对道歉的兴趣只限于报道，那就太天真了。很大程度上，媒体是愤怒经济的投资方。

二、清洗道歉——媒体如何操纵一场关于风味的争论

总部位于英国的埃森汉优质食品公司（Elsenham Quality Foods）推出了绅士口味（Gentleman's Relish），只有一名员工知道这个口味的配方。这个严密保护的商业秘密无疑为产品增添了神秘色彩，而且由于绅士口味是产品商标，零售商需要小心为他们类似的凤尾鱼酱产品命名。维特罗斯既面对推销三明治的挑战，同时，又要让埃森汉优质食品公司保持警惕的律师们满意，他不得不提出一个足够吸引眼球的名字，在不侵犯埃森汉（Elsenham）权利的前提下，吸引美味咸酱的热爱者。因此，为产品取名为"绅士熏鸡肉凯撒卷"（Gentleman's Smoked Chicken Caesar Roll）。

当电视节目主持人、喜剧演员和知名社交媒体名人艾米·拉梅（Amy Lamé）在野外享受着这个特别的鸡肉三明治时，她觉得三明治的包装似乎有些问题。2018年10月，在维特罗斯的一家分店里，她看到了绅士熏鸡肉凯撒卷，这让她有理由对食品明显的性别歧视提出异议。

拉梅向维特罗斯的官方账号发了一条友好且略带讽刺的微博，在活动组添加了"每日性别歧视"的标签，并上传了一张违规产品的照片："我从来不知道三明治的销售是针对性别的。我是女性，但谢天谢地，尽管如此，@维特罗斯还是让我购买了这个三明治。"

是的，这个三明治的名字很奇怪。但事实是，维特罗斯从未只向男性推销三明治，他们是向绅士口味的粉丝推销。目前尚不清楚拉梅

是否真的相信维特罗斯不打算卖给她三明治，或者她只是简单地想引起大家对产品名称性别化的关注。其实也不重要，不管对错，我们提出了要求，维特罗斯因此陷入潜在的文化危机中。

微博发出后 48 小时内，《每日电讯报》《独立报》《快报》《福克斯新闻》《每日邮报》、微软门户网站（MSN）、《太阳报》和很多当地媒体都报道了所谓的"性别歧视三明治"和维特罗斯不可避免的道歉。

随着社交媒体的报道，这次事件的发展相当温和。截至 2018 年底，原微博仅获得 186 次"赞"，转发 47 次，收到评论 1672 条。这几乎不是一个病毒新闻，但又有足够的戏剧性，可以挑起病毒新闻记者的兴趣。

《太阳报》报道："维特罗斯'很快做出道歉'"；19 日，《独立报》报道："维特罗斯向'任何被冒犯的人'道歉"；很多家小媒体也发表了类似的言论，描述了维特罗斯羞辱性道歉。

现在，维特罗斯从在推特上遭到谴责到做出羞辱性道歉的经历可以看成是一条古老的危机管理之路。但在这段特殊的经历中，有些东西是不同的。事实上，维特罗斯从来没有说对不起，他们也没有"道歉"，表达"悔意"，没有承认自己"搞错了"，甚至没有发表声明。在这件事中，唯一得到维特罗斯回应的是两名记者，他们给新闻办公室打电话，要求做出回应，两人得到相同的答案：我们从未打算冒犯任何人，我们没有指定谁应该吃这个三明治，我们希望任何尝试过的人都会喜欢这种独特的味道。不过，我们打算尽快给这款三明治改名字。

第十九章 • 清洗道歉：超市和议员如何被骗道歉

这不是道歉。但是，几乎所有的英国主流媒体和很多病毒式新闻媒体做出如下报道："英国最知名的零售品牌为其带有性别歧视的三明治做出道歉。"这是怎么回事？答案就在《每日电讯报》上。《每日电讯报》是第一批对事件进行报道的媒体，也是第一个从维特罗斯新闻办公室获得声明的媒体。

不可否认，这份声明确实具有现代企业道歉的一些特征，态度谦虚，包含一定程度的道德许可，并提出了补救措施。但这绝对不是道歉，企业也不应该这样道歉，维特罗斯确实没有向任何人道歉，但这并不重要。

只要《每日电讯报》报道维特罗斯做出道歉，这家零售商就被视为迫于消费者权利而丧失尊严的受害者，他们感到羞耻，被迫审视其潜在的性别歧视问题。维特罗斯未能遵从本心，事实上，它从未认同道歉的要求。

一旦企业发表的声明被病毒性新闻媒体信息中心处理并盖上"对不起"的标识，它就获得了作为媒体资产的价值。维特罗斯发表的声明赋予了任何被三明治冒犯的人一定的社交资本，这让媒体有愤怒的素材可以报道，维特罗斯成为又一个有文化问题且做出道歉的企业。

媒体不仅仅在报道道歉，实际上他们也在创造道歉。

作为第一个报道维特罗斯道歉的媒体，《每日电讯报》将"我们从未打算冒犯任何人"看成维特罗斯在说对不起，他们用这种方式把维特罗斯的解释洗成道歉，这不是无害的破格行为，这意味着企业可以不为道歉付出代价。有一点非常明确，维特罗斯所做的声明不是道歉。

219

企业在做出道歉时，会得到公众和媒体的关注，但是，当企业拒绝道歉时，就缺少新闻价值了。

媒体不仅仅在报道道歉，实际上他们也在创造道歉，尽管这看起来像是语义上的吹毛求疵。"我们从未打算冒犯任何人"，这句话在语气上是带有歉意的，但是，再次声明，这不是道歉。我们已了解公开道歉可能对企业造成的影响，尤其是涉及承担责任、在没有道歉的情况下被视为道歉所造成的负面影响，在这种情况下，媒体才应该是新闻报道中的坏蛋，而不是维特罗斯。

媒体扮演着法官和陪审团的角色。直到看到媒体报道，我们才知道企业道歉了，即便企业没有道歉，媒体可能也会做出这样的判断：实际上，他们道歉了。与此同时，媒体也在仔细审视公司被要求做出的道歉所表现出的诚意和有效性，但是现在，他们也起到了特殊的辅助作用，会清理出一个公司道歉的样板，创造一个从未有过的故事。

如果媒体的这种习惯成为规范，企业将面临挑战。企业已对承担意外责任充满焦虑，如果他们的澄清被曲解，他们可能会被迫拒绝道歉。

有真正的道歉可以作为新闻素材报道，《每日电讯报》为什么要把维特罗斯的解释写成道歉呢？病毒式新闻媒体对涉及可以引发公众愤怒的事件有非常特别的品位，是否迎合消费者的需求并不重要。某些愤怒的味道变得流行，读者的阅读点击量越高，我们可以看到的相同内容的新闻标题就越多。

绅士熏鸡肉凯撒三明治是微不足道的，这是一场社交媒体关于三明治的争论，而维特罗斯并不想参与这场争论，但新闻媒体将企业做出的解释报道为公开道歉的手段却很重要，这让维特罗斯走上了羞辱之路。

6个月后，当维特罗斯推出一款以"丑小鸭"为主题、拥有3种样式的复活节巧克力套盒时，他们发现自己面临着更奇怪的批评。这一次人们指责维特罗斯是种族主义者，因为黑巧克力小鸭是"丑"鸭（白巧克力小鸭是"松软的"鸭子，牛奶巧克力小鸭是"酥脆的"鸭子）。也许是因为疲于应对危机，维特罗斯承认140克的黑巧克力小鸭冒犯了公众。这次的道歉很明确，他们几乎立刻举白旗投降了。

维特罗斯的一位发言人说："我们为这款产品名称引起的任何不安深感抱歉，我们绝对无意冒犯。几周前，我们下架了商品，更换了标签，现在我们的小鸭又开始销售了。"

读者的阅读点击量越高，我们可以看到的相同内容的新闻标题就越多。

三、伪证与含混不清语言的武器化

寻找合规新闻标题的记者并不是唯一愿意凭空编造道歉的人，政客们也会这么做，英国工党议员玛格丽特·霍奇夫人（Dame Margaret Hodge）也非常清楚捏造道歉可能造成的伤害。

2018年7月，玛格丽特·霍奇夫人指控工党领袖杰里米·科尔宾（Jeremy Corbyn）是种族主义者和反犹分子，之后，工党对这位议员开展了一项有争议的纪律调查。工党提出，如果霍奇道歉，他们将放弃调查，这场交易的报价表明工党非常重视霍奇的道歉。

霍奇公开拒绝道歉，而工党最终还是放弃了调查。然而，在工党总书记珍妮·福尔比（Jennie Formby）给玛格丽特·霍奇夫人的一封信中，福尔比告知霍奇已撤销对她的调查，信中提到霍奇和工党秘书长尼克·布朗（Nick Brown）之间的谈话，霍奇对她与科尔宾的谈话方式明显"表示遗憾"。

霍奇坚称她并没有和科尔宾进行这次谈话。霍奇的律师给珍妮·福尔比发了一封函件，霍奇公开了这封函件："非常高兴你能做出这样的决定，但你试图解释这个迟来改变的依据非常不真诚。你提到貌似我们的委托人和反对党秘书长之间的一次讨论，她在讨论中'表示遗憾'。两周前，我们的委托人和反对党秘书长说过这件事，但没有进一步的讨论，她没有表示遗憾。如你所知，我们的委托人不会为她的言行道歉，因为她并没有做错什么。"

在这场交易中，一个关键的问题是"表示遗憾"一词的固有变通性。这样的表达模糊到毫无意义，给控诉人提供了貌似有理的借口。如果不受质疑，表示遗憾会使事情变得不公平。如果受到质疑，控诉人很容易表示他们是善意地理解"遗憾"的。霍奇别无选择，只能对福尔比的声明做出有力的反驳。

玛格丽特·霍奇夫人在写给作者的一封电子邮件中说明了对她道歉的错误解读："在这个激烈的政治动乱时期，道歉和表达遗憾能够不被误解，或者不被某些具有个人目的的人利用是非常重要的。珍妮·福尔比对我"表达遗憾"的错误解读（当时并没有发表这样评论）让我很生气，因为这些说法往往可以赋予事件一个全新的角度。非常幸运，作为国会议员和法律代表，我可以反驳这些错误的说法，然而，

第十九章 · 清洗道歉：超市和议员如何被骗道歉

许多人没有这样做，这可能会产生令人担忧的后果。如果我不能就此问题做出澄清，很快就会给人留下这样的印象：我对杰里米·科尔宾表达的懊悔既不坦率，也不真诚。事实上，我从始至终都深感疑虑，我没有表达任何后悔之意。"

道歉很重要，在应该道歉的时候不道歉会给受害者造成极大伤害。而做出不必要的道歉可能会伤害道歉者，破坏他们的声誉，在某些情况下，会有损企业的市值。2018年，一项名为"道歉的价值：企业道歉如何缓和股市对非金融企业危机的影响"的研究报告中发现，对于遭受过度批评的企业，当其不承担直接责任，不做道歉时，经济状况反而表现得更好，当他们做出不必要的道歉时，却会遭受经济损失。

因此，当企业或个人明确表示不会道歉时，把道歉强加于他们似乎是相当卑鄙的伎俩。玛格丽特·霍奇夫人不得不聘请律师反驳对她做出道歉的说法，而维特罗斯则采取了不同的方法，在发表的声明被误解为道歉后，他们低着头，等待事态平息，最终如他们所愿了。

然而，大多数人记得的是他们"道歉"的报道，因此，他们采取的措施变得毫无意义。除了病毒式新闻媒体，没有人会从中这个事件中获益，维特罗斯被羞辱，一个听起来很美味的三明治停产，消费者也没有因任何制造的麻烦变得更好。可悲的是，如果媒体想不顾一切地把一些不好的事情推到维特罗斯身上，其实他们只需要等15天。10月31日，维特罗斯食品杂志的威廉·西特威尔（William Sitwell）被披露在给一位自由撰稿人的电子邮件中开玩笑说要杀死素食主义者，随后威廉辞职。

做出不必要的道歉可能会伤害道歉者。

第二十章

代表他人道歉：汽车制造商、总裁和自由职业者道歉的经验教训

| 消极对抗代理道歉 |

| 为历史道歉 |

| 其他意外结果 |

| 企业为历史道歉 |

神父，赦免他们吧，他们不知道自己在做什么。——耶稣基督（Jesus Christ），圣经（Holy Bible），詹姆士王译本（King James Version），公元30年4月。

在日本静冈县的农村，隐匿着一个废弃的棚屋。这间棚屋对东京记者塔林·西格尔（Taryn Siegel）来说是非同寻常的，因为它距离最近的公交车站至少有40分钟的步行路程。2018年，西格尔参观了这间棚屋，棚屋内有两张沙发、一张小桌子和一张书桌，除此之外，没有别的东西了。这间棚屋是日本众多"道歉机构"之一的"日本沙扎代考"（Nihon Shazai Daikokao）的非官方总部，"日本沙扎代考"是代表他人道歉的中小型机构。

浏览这个道歉机构网站的游客可以看到一个标题："请把麻烦留给我！"网站上可选择的道歉菜单非常详细，涵盖了所有可能的羞耻、内疚和尴尬的情况。聘请一个道歉代理向你的配偶道歉（为不忠道歉），向老板屈服，向邻居赔偿损失，或者只是向被欺骗的朋友说对不起。

在这个世界上拥有一些最密集的城市中心和荣誉文化的国家中，代理道歉会有市场可能并不奇怪。人们都很忙碌，或者像日本沙扎代考的一些客户，他们想说对不起的人对他们避而不见，所以为什么不把你的伤心事交给别人去处理呢？

代理道歉会有市场可能并不奇怪。

代理他人赔罪是很赚钱的生意，日本沙扎代考基本的道歉服务收费标准大概为每小时24英镑，但是代理是否会让道歉缺少诚意呢？这对公开道歉有什么作用呢？

代表他人公开道歉主要有两个原因，都与日本道歉机构的商业模式无关，但两个原因都是存在争议的。

一、消极对抗代理道歉

2009 年，格奥尔迪·格雷格（geodie Greig）接任《伦敦晚报》编辑一职，他在一次道歉活动中宣布了自己的任期。地铁和公交上的海报列出了《伦敦晚报》的道歉方式，一张海报上写着"为可预测感到抱歉"，另一张写着"为负面影响感到抱歉"。格雷格委托机构调研伦敦人对这份城市日报的真实看法，道歉是这项研究的直接体现。

这场为期 3 周的活动被一些人视为预示着格雷格新标准的开始，但也有人忍不住联想这是格雷格对其前任维罗妮卡·韦德利（Veronica Wadley）的一次恶毒的抨击。《卫报》的罗伊·葛林史莱德（Roy Greenslade）曾是一名报纸编辑，也是一名新闻学教授，他在当时的活动报道中断言，韦德利会把道歉当作"对她编辑模式的抨击"。格雷格代表韦德利道歉，可能是对韦德利的公开羞辱。虽然，这是表达《伦敦晚报》正在"处于新的管理机制下"的一种方式。

创始人卡兰尼克辞职后，优步引入了新的管理机制。卡兰尼克的管理让优步不停地从一场危机进入下一场危机。2017 年 8 月，新任首席执行官达拉·科斯罗萨西（Dara Khosrowshahi）上任，花费数月时间监督优步开展的"前进"活动。这并不是科斯罗萨西在向公众道歉，严格来说，他传达的信息是"为前任的所作所为感到抱歉"。科斯罗萨西所做的每一个承诺，从改进优步的企业文化到加强员工权利，都是对卡兰尼克所面临的指责的回答。

代表他人或企业道歉可能会很棘手。不管表面看来如何，并不是每一个企业内部员工都同意应该做出道歉。这些道歉可能会离间董事，招来激烈、无端的批评。2019年2月，英国工党议员克里斯·威廉姆森（Chris Williamson）被拍摄到在一次会议中，向同僚抱怨工党在应对他们大肆宣传的反犹太主义危机时"道歉太多"。显然，威廉姆森为工党代表自己做出道歉感到愤愤不平，他对工党的道歉行为做出的批评不可避免地招来了外界对他的批评。但是，他表达出的对工党赎罪习惯的蔑视最终迫使他自己需要做出道歉。

威廉姆森的道歉声明超过300个字，但直到第三段结尾，他才给出他自己非常讨厌的措辞，"我非常后悔，为我最近的言辞深表歉意"。他对自己的言辞并不感到抱歉，但他的表达方式和故意回避问题的行为，就如工党副主席汤姆·沃森（Tom Watson）所说的，暗含"被严重误解"是我的责任。威廉姆森道歉声明前两段的表述含糊其词，告诉我们他是一个清白的"反种族主义者"，最后两段告诉我们工党为什么需要像他这样的人。工党可不这么认为，对他进行了停职调查。

代表他人道歉肯定带有表演的成分，这些道歉几乎都会呈现在观众面前，一般是在电视上，有时也会提前宣传。因此，道歉者最好有信心，被道歉者不会对他的道歉提出反对意见。降低这种被质疑风险的一种方法是等几年，甚至几个世纪之后再道歉。

二、为历史道歉

迄今为止,最令人瞩目的为他人道歉的原因是弥补重大历史屈辱,这主要出现在民族国家层面、教会和大公司中。历史判定应该道歉,而那些被认为应该道歉的人已经不在了。这样的道歉往往与国际外交和国内政策有着密切的关系,也是越来越受欢迎的企业公关活动。

在冷战时期即将结束时,国际外交的特点是国家领导会代表他们的前任道歉:1988年,罗纳德·里根(Ronald Reagan)为"二战"期间扣押日本公民道歉;1992年,鲍里斯·叶利钦(Boris Yeltsin)为卡廷惨案(Katyn Massacre)中屠杀波兰军人道歉;1995年,雅克·希拉克(Jacques Chirac)为"二战"期间维希政府(Vichy Government)对待犹太人的行径道歉;1996年,德克勒克(FW de Klerk)为南非种族隔离道歉;1997年,挪威国王哈拉尔五世(King Harald V of Norway)为历史上对待萨米人(Sami)的行为道歉;1998年,桥本龙太郎为日本对待战俘的行为道歉,这些仅仅是备受关注的国家道歉案例的一部分。

由于一些显而易见的原因,德国一直是为历史道歉的模范国家,悔恨被融入德国战后的文化中。南非后种族隔离(post-Apartheid)政治家们采用德国标准来评价国家忏悔。普林斯顿大学人类价值中心的简-沃纳·穆勒(Jan-Werner Mueller)将南非"后种族隔离真相与和解"归功于德国模式。例如,南非的人权活动家和政界人士仔细研究了德国的审判、公众纪念活动和教科书。他认为,中国对日本"二战"后的道歉(方式)非常不满。他建议日本也遵循"德国模式"。

这种道歉外交方式往往反映了一个国家的流行文化和经济问题。1988年，美国用美元道歉，向每个被拘留的日本公民支付2万美元的赔偿金。那是经济繁荣的末期。但是，2008年，当国会为30年前的奴隶制和种族歧视时代的歧视问题正式道歉时，他们却非常注意避免陷入金融危机，他们的道歉偷工减料。事实上，国会在参议院决议中增加了一项法律免责声明："本决议不批准或支持任何针对美国的赔偿；也不作为任何对美赔偿的解决方案。"

2007年，斯蒂芬·哈珀（Stephen Harper）领导的加拿大政府的做法与美国相反，他们提供了赔偿金但没有道歉。作为对被迫上寄宿学校的加拿大土著儿童19亿美元赔偿计划的一部分，加拿大承诺做出正式道歉，但并没有执行，在没有道歉的情况下就达成了和解。英属哥伦比亚印第安酋长联合会的一位发言人说："我们对现任政府不理解在创伤治愈和和解进程中，道歉对人民的重要意义感到非常失望。"最终，2008年，哈珀政府发表了道歉声明。

大约在同一时间，澳大利亚总理凯文·陆克文（Kevin Rudd）正式向"被偷走的一代"道歉，数百年来，政府一直让这些澳大利亚原住民遭受苦难和伤害。1938年以来，澳大利亚举行了国家哀悼日，以纪念澳大利亚土著人损失土地和遭受苦难的遭遇，但没有一届政府为此道歉。1997年，陆克文的前任约翰·霍华德（John Howard）对一份建议他道歉的报告结论提出反对意见，他不赞同"黑臂章史观"。他提出了"遗憾动议"，但不包括道歉。当时的反对党领袖基姆·比兹利（Kim Beazley）曾鼓励霍华德道歉。1999年，作为对反对行为的回应，澳大利亚哀悼日变成了"国家道歉日"，但正式道歉仍然难以实现。9

第二十章 · 代表他人道歉：汽车制造商、总裁和自由职业者道歉的经验教训

年后，凯文·陆克文上任总理的第一件事就是道歉，这是他参与竞选时的承诺，当承诺兑现时，他成为第一位正式向澳大利亚土著人民道歉的澳大利亚国家领导人。

其他国家领导人也发表了一些低于预期但也令人愉快的历史道歉：2010年，英国首相戴维·卡梅伦（David Cameron）为1972年1月北爱尔兰血腥星期日屠杀事件道歉，2011年，雷杰普·塔伊普·埃尔多安（Recep Tayyip Erdoğùan）为1930年土耳其军队杀害1.3万名库尔德族（Kurds）士兵道歉。

为前任的过错道歉是一项低风险、高回报的公关活动。

并非所有的国家道歉都受欢迎。在奥巴马执政早期，他搭建外交桥梁的风格使他踏上了批评者所谓的"道歉之旅"。2010年，米特·罗姆尼（Mitt Romney）写了一本名为《不道歉：美国伟大的理由》的书作为对道歉要求的回应。国家道歉出现分歧。随后，特鲁多上任加拿大总理，将国家赎罪提升到了全新的高度。

2015年，特鲁多就职时，国家道歉不再因稀少而备受瞩目。特鲁多以对社会正义的强烈责任感而闻名，很快开始发布正式的国家道歉，第一次是在上任后的6个月内。在特鲁多担任总理的头三年里，一共发布了4次正式道歉。就连英国广播公司也注意到，相较于国际甚至国内标准，特鲁多的道歉属于高产，不得不做的道歉过多，他们说得很有道理。1914年的驹形丸（Komagata Maru）事件中，锡克族人（Sikh）、穆斯林和印度人乘客被拒绝入境加拿大并被遣返回印度，在对此次事件发布正式道歉之后，不知为何，特鲁多为庆祝道歉举办了一个活动。活动中，特鲁多借此机会第三次向几天前在拥挤的会议厅内被自己不

小心撞到的议员道歉。

到2018年，特鲁多已代表他的国家发表了6次正式道歉，其中一次是为156年前发生的事件，向英属哥伦比亚齐尔库特（Tsilhqot'in）地区的民众道歉。加拿大作家琳达·贝斯纳（Linda Besner）对特鲁多渴望悔悟的行为评论道："加拿大最歉疚的总理让人紧张。"

老特鲁多（Pierre Trudeau）（1980年至1984年任加拿大总理）道歉的数量相当多，尤其是为自己的儿子道歉。老特鲁多的悔悟更保守，他在1984年说过："我不明白该如何向众议会中不同党派的人为一些历史事件道歉。"

2010年，一项关于对银行业道歉认知的研究指出："现在，公开道歉已成为高级政要对诸如奴隶制、种族隔离和种族灭绝等历史事件表达悔悟的常态。然而，这些事件，就其本质而言，并不是道歉者的责任，道歉者也不会直接受到影响。"换句话说，为前任的过错道歉是一项低风险、高回报的公关活动。

被学者兼作家普拉莫德·纳亚尔（Pramod K Nayar）称为"代际负罪感"带来的挑战正在决定何时停止。在道歉变得空洞之前，一个国家或企业能够追溯的历史有多远？时机对道歉是否成功影响很大。2019年3月，墨西哥总统安德烈斯·曼努埃尔·洛佩斯·奥布拉多（Andrés Manuel López Obrador）写信给西班牙国王菲利佩六世（King Felipe VI of Spain）和教皇方济各，想了解他们是否想为1521年西班牙入侵阿兹特克（Aztecs）道歉，或许奥布拉多选择的时机就是令西班牙对他的问题感到疑惑的原因。西班牙外交部长说："现在收到为500年前发生的事情道歉的要求很奇怪。"

第二十章 · 代表他人道歉：汽车制造商、总裁和自由职业者道歉的经验教训

国家赎罪的习惯始于德国议长威利·布兰特（Willy Brandt）。1970年，在参观华沙犹太人起义（Warsaw Ghetto Uprising）纪念碑时，布兰特跪了下来。他没有道歉，事实上，他什么也没说，后来布兰特在他的回忆录中写道："我做了言语无法表达的事情。"同年，《时代》杂志将布兰特评为年度人物，也许这就是道歉习惯深入人心的原因。

长期以来，国家道歉促进了与国内外达成和解。鲜为人知的是，道歉可以孕育国内的内疚和怨恨情绪。高调的道歉，加上公民背负祖先羞耻意愿的下降，对那些寻求资本化的人来说是有利的。

> 长期以来，国家道歉促进了与国内外达成和解。

德国的"记忆文化"曾因自我反省和悔悟的民族倾向受人尊敬，如今，对一些德国公民来说，这种文化正在消失。2017年，极右翼政治家比约恩·赫克（Björn Höcke）呼吁国家停止为过去道歉。这样的反对声音可能要持续很长一段时间。即便对布兰特在纪念碑前下跪的行为，也不是所有的德国人都认为这样做是必要的。《明镜周刊》（Der Spiegel）开展的关于"下跪"事件的一项民意调查表明，48%的西德人认为这样做有些过分，11%的人没有意见，41%的人认为布兰特的行为是适当的。

三、其他意外结果

是否需要人们记得道歉原因，国家道歉才可以真正引起共鸣？1998年，日本首相桥本龙太郎通过在《太阳报》上刊登声明向英国战俘道歉时，很多"二战"期间被日本关押的战俘还在世，但他们已经

老了，一位曾经的战俘注意到他选择道歉的时机，因此认为桥本的专栏不是真正的道歉。

日本劳改营幸存者协会（Japanese Labour Camp Survivors Association）秘书亚瑟·蒂瑟林顿（Arthur Titherington）接受英国广播公司采访时说道："这与我们想要的道歉相去甚远，毫无疑问，我的会员将拒绝这些提议。总的来说，日本政府是在等我们都死掉，这样就可以不道歉，也不提供赔偿了。"

尽管国家为历史赎罪会具有外交和竞选价值，但这样的道歉并非总能实现道歉的核心功能。纳亚尔认为："这最低限度地恢复了此前的犯罪者和受害者之间、或两者后代之间的某种形式的接触。"它开辟通过言语行为搭建两者之间沟通桥梁的空间。这就产生了新的问题，由于道歉非常广泛，被道歉者需要共同承担是否接受道歉的责任。事情永远不会这么简单。

四、企业为历史道歉

三菱公司是"二战"期间战俘劳工的受益者之一。当公司决定代表先辈向曾在矿井中劳作的战俘道歉时，他们首先联系了居住在加利福尼亚的日本裔作家基努埃·德留（Kinue Tokudome）。德留是名为"美日战俘对话"（US - Japan Dialogue on POWs）机构的创始人和执行董事。三菱公司想向她咨询曾经的战俘是否会接受他们的道歉。

德留向三菱公司解释说，她认识一个名叫吉姆·墨菲（Jim Murphy）的战俘，他是为数不多的几个幸存的日本战俘中身体状态可

第二十章 • 代表他人道歉：汽车制造商、总裁和自由职业者道歉的经验教训

以前去接受道歉的人。在接受国家公共广播电台采访时，德留解释了吉姆·墨菲多年来一直想要得到道歉的原因，但是最近有些变化。起初，墨菲（Murphy）希望得到道歉以便他可以继续生活。随着年纪的增大，这个理由就越来越不重要了。但是，当三菱公司通过德留提出道歉请求时，墨菲的心里是矛盾的。他仍然想要一个道歉，但他知道，如果很多死去的战友还活着的话，是不会接受道歉的。因此，他怎么能代替他们接受道歉呢？

墨菲内心的矛盾只是企业和政府为历史道歉时众多意料之外的结果之一。这些道歉可能有助于愈合历史创伤，但也为道歉者做了很好的公关，因为道歉者并非总是为他们所道歉的事情感到内疚。

据报道，在2011年为屠杀库尔德人（Kurds）道歉5年之后，土耳其总统雷杰普·塔伊普·埃尔多安（Recep Tayyip Erdogùan）为自己担任总统引发的争议向俄罗斯道歉。俄方接受了道歉，原谅土耳其击落了他们的一架战机的行为，并恢复了外交关系。俄方道歉的接受者与埃尔多安为击落飞机做出的道歉有关系吗？在道歉的同一年，埃尔多安经历了一次土耳其军方发动的政变，参与政变的人指责他漠视人权。

如果你要代表他人道歉，你需要自己有一份完美记录，即便是有道歉强迫症的特鲁多也知道了这一点。2019年3月，他被指控在处理自己腐败丑闻时为错误的事情道歉。除了为先辈道歉，也许当今的领导者最好把注意力放在不要让后代为他们的行为道歉。

第二十一章
四天销售 100 万英镑：发现不道歉出乎意料的好处

| 丢失的拼图 |

| 逆向营销 |

| "感觉不好的因素" |

| 部落制度的力量 |

我们不会向对我们的广告造成刑事损害的无理极端分子道歉。——蛋白质世界推特账户（protein world twitter account），2015年4月27日。

直到近期，蛋白质世界还是一个相对没有名气的瘦身产品。他们早期的大部分营销活动是邀请电视真人秀明星在印刷华美的生活杂志上推广低脂蛋白奶昔。随后，在2015年4月，公司投资25万英镑进行了一次限量广告牌活动。

广告牌以身着黄色比基尼的健身模特蕾妮·萨默菲尔德（Renee Somerfield）为主体，标题为"你是否准备好海滩身体？"。乍一看，这场活动明显有点与现实脱节，它看起来像一个明显以男性为中心的品牌，目的是让过时的女性审美再次流行。这并不是赤裸裸的冒犯，但这确实与2015年由多芬、潘婷等品牌积极倡导的"拥抱你的不完美"身体文化格格不入。

这则广告囊括了所有与积极的健身运动背道而驰的理念，广告选择的模特柔美而自信，肋骨清晰可见，这些标题吸引了人们的注意。这场活动感觉像是创造性误断。随后，多芬用三个曲线模型模仿了这则广告，标题是"是的，我们已经是沙滩身体了"。

虽然蛋白质世界活动宣传的理念可能已经过时了，但广告并没有什么特别的冒犯行为。负责编写由其强制执行的广告法规的广告标准管理局了解了这个创意，并认为"这则广告不太可能引起严重或广泛的违法行为"。

监管机构对广告的认知并不总能准确预测消费者的反应。一年前，维密和Topshop都因羞辱女性身体面临着铺天盖地的指控。两家企业

第二十一章 • 四天销售100万英镑：发现不道歉出乎意料的好处

都没有引起监管机构的关注，但都被迫为此付出了高昂的代价，32000人签名请愿要求他们做出道歉。任何精通社交媒体激进主义语言的人都可以看到，这场运动具备成为重要文化运动的所有特征。这是关于蛋白质世界什么时候感受到公众抵制的问题，而不是如果被抵制的问题。

监管机构对广告的认知并不总能准确预测消费者的反应。

没过几天，通勤族开始涂改伦敦地铁上的海报，添上自己的身体，并在推特上指责蛋白质世界。两个趋势标签和请愿平台要求删除蛋白质世界广告，超过4万人在上面签名，378人向广告标准管理局投诉，甚至有人计划在伦敦海德公园（London's Hyde Park）举行抗议活动。这对蛋白质世界非常不利。

催生公开道歉的机制正在运作中。对日益加剧的争议进行大肆宣传的病毒式新闻媒体正在等待蛋白质世界道歉，以获得来之不易的编辑报酬。其他品牌准备通过恶搞牟利，一旦蛋白质世界道歉，活跃分子准备指责并拒绝他们道歉。所有环节中缺少的就是蛋白质世界的配合。在病毒式新闻道歉生态系统中，这种合作至关重要，也由于少见而变得十分显眼。

一、丢失的拼图

病毒式新闻媒体叙述一件真实的企业丑闻需要三个要素：引起争议的事件，可以是一个错误的评论或不受欢迎的广告；社交媒体的反应，即便是一些不知名的推特账户的推文也能满足要求；道歉。在蛋白质世界的广告事件中，前两个要素已经具备了，但蛋白质世界仍然抵抗第三个要素。他们没有道歉，唯一准确的新闻标题是"人们感到不安"之类的，媒体想说的其实是由于社交媒体的强烈抵制，"蛋白质世界为'糟糕的'、带有'性别歧视'的广告道歉"。

自第一篇关于"性别歧视"和"羞辱身体"的广告报道出现三天以来，蛋白质世界没有为此发声。到目前为止，一个品牌经历了如此严格的审查，应该已经崩溃了。我们开始思考："为什么蛋白质世界需要的不仅仅是道歉。"

4月24日，《卫报》第一次报道广告的9天之后，蛋白质世界在英国广播公司的新闻广播上发表声明，但结果并不如人们所愿。声明中说道："遗憾的是，2015年，仍有少数人不注重赞美那些渴望变得更健康、更健壮、更强壮的人。"

哎哟，蛋白质世界用"赞美""渴望""更健康"这些描述积极身体锻炼的语言羞辱了他们的批评者。他们不仅没有道歉，反而变本加厉，还面带得意。空洞的承诺、虚假的思过以及企业的自我反省在哪里？品牌不应该为自己狡辩，不是吗？

蛋白质世界似乎也享受其中，没有按套路出牌，他们的批评者对此非常困惑。批评者告诉蛋白质世界他们正在经历一场公关灾难，而蛋白质世界看起来非常高兴。首席执行官阿琼·塞思（Arjun Seth）甚至在社交媒体上吹嘘他的公关团队将获得奖金。这就是蛋白质世界的危机应对计划。

市场总监理查德·斯塔维利（Richard Staveley）认为这场活动引起的骚动造成的唯一影响就是增加了公众对蛋白质世界公司的印象，

第二十一章 • 四天销售100万英镑：发现不道歉出乎意料的好处

增加了2万名新客户，四天内销售100万英镑，增加了2万名新社交媒体的关注者和133条媒体报道，覆盖1.13亿观众，等效广告价值大概为320663英镑。

尽管病毒式新闻媒体仍然将蛋白质世界作为公关失败案例进行报道，印第100声称"大家真的都还很生气"，但蛋白质世界在他们的批评者和拥护者之间培养了一种强大的"我们vs他们"的心态。如今，推特用户主张让蛋白质世界"坚强"，并感谢他们"鼓舞人心"。

当涉及大量社交媒体反馈时，战略传播专家、战略传播机构刘易斯的创始人克里斯·刘易斯主张务实："如果社交媒体调查得力，就很容易做出判断。如果人们感到不安，企业首先需要判断是否要做出回应。有时候，回应只会吸引公众注意并创造一个'假圣人'。""假圣人"的用词是正确的，蛋白质世界并不想成为假圣人。他们确实获得了越来越多的支持者。

一位社交媒体用户甚至写道："我是个丰满的女孩，蛋白质世界的广告并没有冒犯我，反而让我备受鼓舞。出色的广告商，反对者确实让你出名。"

二、逆向营销

很难想象，这件事出乎蛋白质世界的预料。不管他们是否知道"准备好海滩身体"会引起这种程度的关注，他们显然有应对计划。他们也准备了一张王牌，并不在乎媒体对他们的批评。这与他们的危机应对策略有关，无动于衷是他们危机应对的特色，而不是漏洞。

危机公关

蛋白质世界并不是唯一一个将不道歉作为营销策略的品牌。

蛋白质世界并不是唯一一个将不道歉作为营销策略的品牌，少数富有创造力的沟通者早就注意这种积极的傲慢行为带来的可能性。精酿啤酒厂精酿狗（BrewDog）因对监管机构的制裁采取了特别任性的态度——道歉不道歉，而获得了新的粉丝。当《伦敦晚报》对他们的一些高风险的创意标牌提出质疑时，伦敦砖巷咖啡（London's Brick Lane Coffee）的创始人在社交媒体上发布了"不解释，不抱怨"的评论，他也因为这些引起公愤的评论而出名。

面对公众批评，折扣零售商庞德兰也采取了类似的应对措施。2018年，他们的"淘气小精灵"活动被贴上了歧视女性和性别歧视的标签，随后该活动被广告标准管理局取缔。这家零售商的发言人不仅拒绝道歉，还称这是"茶杯里的风暴"，并补充道："非常高兴没有听到这个笑话的人很少。"

很显然，这些品牌仍会重复最初让他们陷入困境的行为。2015年7月，蛋白质世界将他们的"身体准备"活动带到了美国，受到了比在伦敦更热烈的欢迎，砖巷咖啡门口的小黑板上继续出现一些更加前卫的信息，2018年圣诞节，庞德兰仍旧推出淘气的小精灵，提前宣布这将是"广告监管机构最可怕的噩梦"。

可以看出，媒体也理解企业抵制道歉诱惑的价值。《地铁报》的凯蒂·巴克（Katie Buck）认为："庞德兰看起来非常了解他的顾客，因为顾客对他们的圣诞促销活动赞不绝口。"随后，她列举了从社交媒体中挑选的一些评论，这些评论者看到玩具精灵在芭比娃娃上模拟性行为滑稽的一面。

第二十一章 • 四天销售100万英镑：发现不道歉出乎意料的好处

对一些品牌来说，应对危机就是这么简单。接受批评很容易，尤其是当一个品牌尚未树立天生具有"良好的"或"善良的"公众形象。这些品牌期望受到批评，并做好接受批评的准备。忠诚的客户和潜在的客户带来的利益比批评者和媒体造成的损失更多。

负责维护和提高这些品牌声誉的人明白一件重要的事情，而其他的同行并不明白。他们很清楚顾客并不想让他们道歉。比如，蛋白质世界出售一款目标客户为健身爱好者的产品，这款产品有助于减肥，只有那些对购买塑形产品有兴趣的人对蛋白质世界才具有商业价值。蛋白质世界坚定地为他们的广告辩解，其实就是坚定地捍卫现有客户和潜在客户的价值观。

虽然研究和专家竭力主张品牌应该树立更高的社会目标，蛋白质世界却为我们展示了另一种方式：制订一个翔实的沟通计划，将批评作为必然存在且有利可图的发展之路。伦敦机构"感官"的市场评价和评估专家亚历克斯·史密斯（Alex Smith）称这样的企业行为为正直。他在《运动》中写道："蛋白质世界已成为最早一批正直诚信的知名品牌之一，并且获得了回报"，他得出结论："无论听起来多愚蠢，但蛋白质世界对其观众的意义超过了真幼稚、巴塔哥尼亚（Patagonias）、本杰里和美体小铺的总和。"

这些品牌已做好了疏远非企业客户的准备，与此同时，他们强化了实际客户关注的价值观：有趣、政治不正确和大胆不羁。一旦品牌理解了顾客和观众之间的区别，他们的反应就会更加真实。他们越了解自己的客户，就越不需要说对不起了。

在平息了最初的公众愤怒之后，最终，蛋白质世界的广告被广告标准局取缔,但不是因为上述任何原因被取缔的。广告标准局对产品说明书中的一些减肥声明提出异议。监管机构或许赢得了这场较量,但蛋白质世界赢得了这场战斗。

三、"感觉不好的因素"

品牌通过了解消费者的需求优化顾客体验,或者至少他们尝试过这样做,想想多芬的"真美运动"或百威啤酒的"支持你"活动。作为世界上最盛大的广告活动之一,2019年的超级碗橄榄球赛(Super Bowl)成为一场像百威、丰田和爱彼迎这样的公司提升自尊和"感觉良好"的持续的庆祝活动。

《广告周刊》的埃里克·奥斯特(Erik Oster)对这个壮观的场面做出如下总结:"这就是一家宣传救灾能力的啤酒品牌、一个支持男女平等的汽车品牌和一家推动多元化的度假租赁公司。"并补充说,"近年来,以目标为导向的品牌数量有所增加,这一趋势已进入了广告超级夜——超级碗。"

聪明的品牌学习如何放大批评和愤怒、伤害感情,并将其转化为成功的营销。

"让非客户感觉不好"是"让客户感觉良好"的颠倒方式,虽然逻辑是相同的,但是需要营销人员通过强调自己不是什么来强化自己的价值观。聪明的品牌会学习如何放大批评和愤怒、伤害感情,并将其转化为成功的营销方式,而唯一的诀窍就是不说对不起。

四、部落制度的力量

将消费者和观众视为文化"部落"是很有用的,每个部落又包含多个小的、重叠的群体——部落内部的部落。作为当今品牌默认的沟通渠道,社交媒体往往会把人群分成两个主要的部落:进步部落和传统部落。这是差异化营销的重要交点,被区别对待的不好感受会更强烈。

品牌也会被划分到这两个主要的部落中。毫无疑问,星巴克、本杰里、巴塔哥尼亚遵循进步的价值观。另一方,福来鸡(一家会对进步部落造成伤害的公司,2018年6月推特首席执行官杰克·多尔西仅仅因为在他们的一家餐厅吃饭而道歉)、英国连锁酒吧威瑟斯彭(Wetherspoons)和美国工艺品供应商好必来(Hobby Lobby)则秉承传统主义,并以此为傲。

通过在有分歧的特定问题中申明态度,品牌可以通过疏远一个部落表明自己的立场。当然,品牌对文化不断变化的社会形态非常敏感,有时出于商业上的权宜之计,品牌也会灵活应对。短短几年内,全球最大的广告商宝洁公司通过广告告诉我们,他们是"母亲的荣誉赞助商",他们这种认知的逻辑基础是母亲负责购买尿布、洗涤剂和日用品,然后,他们为吉列策划了颇具争议的"我们相信最优秀的男性"活动,性别成见会造成不利影响。

李维斯也"越界"了。2018年,一度是持枪牛仔代名词的牛仔品牌宣布与枪支管制组织"为了枪支安全"合作。李维斯总裁奇普·柏格(Chip Bergh)说:"虽然有些人不喜欢表明立场,但也不应该什么

品牌可以通过疏远一个部落表明自己的立场。

都不做。"而他没有说的是，不喜欢表明立场的是谁。

尤研究中心（Pew Research Centre）的数据显示，在居住在农村、未受过大学教育的大龄人群中，拥有枪支的现象是普遍存在的，而在居住在城市、受过大学教育的年轻人群中，持枪现象则相对较少。这正是被《纽约客》（New Yorker）和宝洁公司前高管柏格（Bergh）称为李维斯"失去的一代"，也是李维斯渴望从迪赛（Diesel）等产品中夺回来的客户群体。柏格深知，自20世纪90年代以来年轻人就不再认为李维斯很酷，品牌愿意表明自己的态度，放弃拥有枪支的顾客。

全国步枪协会很快发现了这个情况，立刻指控李维斯为谋求企业利润放弃客户群。"我们只能假设李维斯的财务人员已经确定，销售紧身牛仔裤带来的收益足以弥补对他们曾经珍视的品牌造成的永久性伤害。"

品牌之所以如此热衷于拥有正确的瞬间文化是因为不管怎么说，这样做是有用的。营销公司萌芽社交对1000名美国消费者开展的一项研究表明，三分之二的消费者希望他们选择的品牌有明确的政治态度。这一切都归结于消费是一种"自我表达"的活动。当优步无意中破坏了针对特朗普总统旅行禁令的抗议活动时，其竞争对手来福车却与众不同，承诺"坚决反对这些行动，不会在威胁社会价值观的问题上保持沉默"。

当耐克宣布与美国国家橄榄球联盟（NFL）的科林·凯佩尼克（Colin Kaepernick）签署广告合约时，愤怒的爱国者记录了自己毁掉

第二十一章 • 四天销售100万英镑：发现不道歉出乎意料的好处

耐克的商品来表达不满情绪。带表演性质的愤怒非同一般，这并不是耐克的行为引发多少愤怒情绪的问题，而是这些愤怒来自谁。

特朗普总统表示，这则广告传递了"可怕的信息"；参加特朗普就职庆典的乡村歌手约翰·里奇（John Rich）记录了自己的音响师从袜子上剪下耐克标识的镜头；肯塔基州（Kentucky）一个小镇的镇长安德鲁·斯科特（Andrew H Scott）表示，他与耐克的合作"正式结束"。

悲观的观察者可能会问，像耐克这样以年轻人为主要客户群的城市运动服装品牌究竟如何能在特朗普总统、管理1500人口的肯塔基州镇长以及一位乡村和西方歌手的怒火中生存下来。也许这个原因显而易见。

这场运动的口号是"心怀信仰，即使它会让你牺牲一切"。耐克非常清楚他们牺牲了什么，那就是特朗普的支持者、乡村和西方歌手以及那些担心美国同胞不尊重国歌的人。活动开始后的一周内，耐克产品的销售额猛增31%。《时代周刊》报道："虽然引发了公众愤怒，但在凯佩尼克的广告发布后，耐克的销售额增长了31%。"但是，这样的结果不是因为存在公众愤怒情绪，而是完全由愤怒产生的。

品牌的机会非常明显。选择一个立场，永远不要向对立方道歉。疏远一个部落，不要向他们道歉，这样，品牌可以向自己的部落发出看似代价高昂的信号——"嘿，我们有共同的价值观，现在看看我们疏远了'敌人'。"这个信号并不像看上去那么昂贵。疏远一个在购买产品的财力和能力方面都不及另一方的部落风险是很小的。正如巴塔哥尼亚的创始人伊冯·乔伊纳尔（Yvon Chouinard）所言："如果你没有激怒50%的人，那你就是不够努力。"伊冯比大多数人更了解品牌的宗旨。当然，也没有必要为了让自己高兴，疏远整个部落。

和所有部落一样，文化部落也有长老。这些有影响力的人成为部落德行和抱负的代表。或者，在某些情况下，有理想的文化人物会依附于部落。

皮尔斯·摩根（Piers Morgan）就是一个例子。作为持有传统价值观的"反计算机（PC）走火入魔"部落的支持者，他经常斥责所谓的"雪花"一代，因为他们过于敏感，并且容易生气。

2019年1月，摩根大通在推特上评论了英国面包连锁店的素食香肠卷，并给香肠卷贴上"被计算机毁坏的小丑"的标签，在这个过程中，香肠卷扩大了产品市场，这对格雷格斯（Greggs）来说是一件非常值得高兴的事情。格雷格斯的回答很简单："哦，你好，皮尔斯（Piers），我们一直在等你。"

当然，情况很可能属实。皮尔斯·摩根和格雷格斯曾就职于同一家公关公司。格雷格斯简练的回应获得了超过2万次转发和14.5万个"赞"。不久之后，多家格雷格斯分店的素食香肠卷售罄。作为双方的公关代表，泰勒·赫林（Taylor Herring）否认这一噱头是精心策划的，但有人清楚地了解公众对像摩根这样的公众人物的反感情绪能够产生的价值。随后，泰勒在推特上告诉格雷格斯，他们欠他一张"大额支票"。

两周后，在摩根的帮助下，另一个品牌也扩大了产品营销市场，这个品牌就是吉列，他们推出了有争议的"我们相信最优秀的男性"竞选活动。摩根再次发表了自己的观点，将创意称为"计算机胡说八道的优点"，并发誓要重新考虑自己和吉列终身客户的关系。

第二十一章 • 四天销售100万英镑:发现不道歉出乎意料的好处

除了摩根在推特上发牢骚,这个广告还引发了很多批评。推出不到两个月,就有2900万的优兔网浏览量和120万的反对票。对吉列来说,疏远这么多人,其中绝大多数是男性,似乎不是最明智的商业决定。但是,几乎一半购买吉列男士剃须刀的人是女性。根据管理咨询公司坎塔尔(Kantar)的研究:"……男性剃须刀的购买者中,男性占比50.5%、女性占比49.5%……这不仅仅是因为女性会为自己的儿子和丈夫购买剃须刀;其中五分之一的女性(英国为18%,美国为22%)会选择使用男性品牌剃须刀。"

《竞选》杂志的流行趋势编辑妮可·拉坎普(Nicola Kemp)立即发现了吉列的发展潜力,指出"激怒摩根是一种有效的营销策略"。她的观点完全正确,当品牌发现疏远可以提高信誉、增强品牌亲和力时,我们可以预期他们会制造更多的愤怒。

第二十二章

不要把善良错当软弱:为什么英国"最友善的"品牌拒绝道歉

| 如何保护您的企业免受性别歧视和出售亵渎性卫生纸的指控 |

| 重新定义"沟通危机" |

| 玛莎百货的经验 |

芦荟厕纸我们已经销售超过5年了，上面的图案肯定是芦荟叶。——玛莎百货，2019年1月。

2018年，舆论专家尤尔夫将玛莎百货列为英国第四大最具知名度的高街时尚品牌。2017年，他们将其列为女性最喜欢的品牌。对大多数生活在英国的人来说，玛莎百货是典型的优秀商家，在那里你可以为祖母购买圣诞礼物，或者为野餐准备材料。人们非常喜欢玛莎百货是因为它的货源渠道符合道德良知的美食厅精选商品的标准，还有它的莫吉托鸡尾酒。即便是挑剔的人也不得不承认，无论怎样，玛莎百货是"某种资产阶级绅士可靠的试金石"。

即便如此，我们也永远不应该把他们的精心经营与软弱混为一谈，玛莎百货也有强悍的一面，可以从他们应对批评的方式中看到这一点，他们采取了一种令人耳目一新的、直截了当的方式应对这类批评事件。

2018年11月，玛莎百货陷入社交媒体的小丑闻中，他们的应对措施堪称声誉管理大师课案例。

诺丁汉（Nottingham）的一位购物者发现了一个他们不喜欢的橱窗陈列。这个橱窗展示了穿着系列服饰的模特，包括从穿着花式内裤的女性到西装革履的男性。这位购物者重点关注了男性模特和女性模特着装的差异，认为这个展示"令人作呕"，并告知社交媒体，他们对"负面的性别成见标准化"感到特别恼火。

病毒式的新闻媒体迫不及待地想了解这个故事，并引用了这位购物者最吸引眼球的说辞。他们嗅到了完胜的味道。这种情况符合即将发生的自我反省式道歉的所有特征，甚至一个女权主义慈善机构也参

第二十二章 • 不要把善良错当软弱：为什么英国"最友善的"品牌拒绝道歉

与其中，要求知道谁为此负责。那么，玛莎百货肯定会为这一违规行为道歉、改变橱窗展台吗？如今，这是公司的通常做法。

在探究玛莎百货的正确行为之前，我们应该想想他们可能做错了什么。值得庆幸的是，2018年充斥着品牌急于向社交媒体批评者道歉的事例。

在玛莎百货橱窗展示"非漫游"事件发生几周前，澳大利亚布里斯班（Brisbane）的一家高档酒店因一则广告受到极为相似的批评，广告中一男一女在床上享用早餐。如果可以这么说的话，布里斯班索菲特酒店的问题就是广告中的男人在看报纸的金融版面，而女人在看时尚杂志。即使以2018年超敏感的标准作为评价依据，这则广告也并无恶意。然而，这似乎足以激怒一位《澳洲日报》的房产记者。这位记者在推特上写道："嗨@索菲特布里斯班酒店，你的早餐看起来很美味……只是想让你知道我是女性，我也每天看《澳洲金融评论报》。"

老实说，她的微博并没有吸引太多互动。截至2019年1月，这条微博共有128条转载，903个赞，大概400条评论，一些人表示赞同，但大多数人对她的批评评论提出了反对意见。不过，这并不重要。这家酒店和玛莎百货类似，都被记者羞辱过。

这件事可以造就一个规模不大的新闻故事。位于新南威尔士州（New South Wales）利斯莫尔镇（Lismore）的北极星（The Northern Star）对此进行了独家报道。他们的新闻标题是"酒店广告激怒女性"，他们深知这并不是什么独家新闻。

这件事应该只是索菲特酒店与社交媒体和一家当地新闻媒体之间的小冲突。随后，索菲特酒店与许多焦虑的企业一样，选择在受到批评时做出道歉，通过现在已被删除的推特账户发表声明："我们感谢您提出的担忧。我们并不想让大家抱有成见，但我们为造成的任何冒犯道歉。"

他们不仅做出了道歉，还撤销了广告，并邀请批评者继续评论，并补充说："今后的活动中不会再采用这种创意。如果您想进一步讨论，可以随时给我们发送邮件。"

你能猜到接下来发生了什么吗？事情并不遂索菲特的期望，问题没有解决。他们的道歉引起了全世界的关注。雅虎、澳大利亚新闻公司、《福克斯新闻》《每日邮报》《每日镜报》都对这件事进行了报道。这样一条绝对称不上故事的酒店道歉微博，却成了主流社交媒体讨论的话题。

值得强调的是，在酒店道歉之前，这个故事毫无进展。虽然索菲特对北极星以及各种评论广告的推特账户表示尊重，但酒店并不需要担心这个情况，更不用说道歉了。但不道歉说起来容易做起来却很难，只有那些运气不好的社交媒体管理者才明白始料未及的媒体审视和社交媒体批评可以造成多大的压力。

值得注意的一个关键细节是，法国跨国公司雅高酒店集团（AccorHotels）旗下的这家酒店用自己的推特账户道歉，而索菲特总部或其母公司均未做出回应。直到广告受到批评之前，索菲特布里斯班酒店（Sofitel Brisbane）的推特账户都在发布本地酒店促销活动和餐厅的照片，这绝不是一个公司的推特账户，而这个回应看起来像出自能力不强或是正在接受处理媒体审视培训的焦虑的社交媒体管理人员。惊慌失措地发表道歉并希望事态平息并不是危机管理的策略。

第二十二章 · 不要把善良错当软弱：为什么英国"最友善的"品牌拒绝道歉

在大多数报道中，这个道歉事件会被描述为勇敢的推特用户与商业巨头之间的较量。但事后看来，更像是少数当地记者要求一名初级员工做出道歉，或者更糟，要求一名未参与广告活动的未经过培训的酒店员工道歉。10月10日，道歉事件成为全球头条新闻的第二天，索菲特布里斯班的推特账号被删除。

道歉之前，这个故事毫无进展。

一、如何保护您的企业免受性别歧视和出售亵渎性卫生纸的指控

如果这就是企业不处理琐碎的网络评论的原因，你应该怎么做？那些观察者可能已预料到玛莎百货事件发生几周后的结果。不过，玛莎百货并没有陷入道歉的陷阱。面对众多批评，玛莎百货的发言人做了很多被攻击的发言人不敢做的事情，把事实摆在感情面前。他们认为相较于其他零售商，玛莎百货销售的内衣图案、尺寸和款式都要更多一些，尤其是在圣诞节期间。他们的橱窗展示是以各种各样的圣诞必备物品为特色，产品覆盖范围广也是他们营销活动的一部分，涉及的展示内容从大卫·甘迪（David Gandy）穿着玛莎百货套装洗碗，到家庭成员穿着相同的睡衣（PJs）依偎在一起。

尽管受到众多批评和媒体的关注，玛莎百货仍然拒绝道歉。他们这样做，就是不想让媒体得到他们迫切等待的那句话。一旦缺少推动故事进展的企业道歉，媒体报道会对橱窗展示引发的争论采取含混不清的说辞，或者引起一场"性别歧视之争"。

危机公关

玛莎百货的做法立即缓解了道歉带来的沉重负担。他们不需要承诺要做得更好、反思或是做出改正。他们的沟通团队和一线员工不需要接受道歉带来的附加审视。一切照旧。

作为消费者，我们学会在这种情况下期待一个非常具体的企业回应。品牌应该说对不起，不是吗？这就是交易。有人批评你时，媒体就会煽风点火，你只要做出道歉，事态就会平息。索菲特的社交媒体负责人被迫这样做，而玛莎百货却没有。

玛莎百货坚定地为自己的橱窗展示辩解，并明确表示批评者或媒体继续纠缠是没有任何意义的。如果他们的声明中有一丝焦虑，对批评者的感受做出让步，或者声明以"我们从来没有冒犯之意"开篇，表达的态度就完全不同了。

曾经做过新闻记者、现任沟通培训机构媒体优先（Media First）编辑的亚当·费舍尔（Adam Fisher）生动地描述了事件可能的发展走向，消费者可能希望玛莎百货为违规行为道歉，发表声明承诺会认真对待这些问题，并声称会吸取教训。也许有人会告诉我们，橱窗设计师因为此次事件的后果失去了工作。

当现实与预期不符时，人们对此就无能为力了。这里有一个值得吸取的重要教训，如果不道歉，也没人能对你做什么。当你攻击的企业不准备退缩时，即使是威胁抵制也是徒劳的。玛莎百货已经创造了一个应对细枝末节批评的样板，不需要等太久就可以再次尝试。

2019年1月，在橱窗展示受到批评超过8周之后，玛莎百货再次遭到责难。这一次是因为有人通过社交媒体账户表示看到玛莎百货的三层芦荟卫生纸上印有阿拉伯语文字"真主"。

第二十二章 · 不要把善良错当软弱：为什么英国"最友善的"品牌拒绝道歉

即使在这个后恭敬时代，冒犯某种宗教也是很危险的。不管事实如何，光学是不可饶恕的。即便是信仰其他宗教的人或根本没有宗教信仰的人都会对此反感。我们一定不会忘记乐购为2017年耶稣受难日的啤酒促销事件向基督徒道歉的速度有多快。小品牌同样了解冒犯宗教的潜在危害。位于麦克尔斯菲尔德（Macclesfield）附近的一家微型酿酒厂柴郡啤酒厂（Cheshire Brewhouse）为在金属罐上使用"OM"（奥姆符）符号向英国印度教理事会道歉，并更换了包装。

当现实与预期不符时，人们对此就无能为力了。

不过，玛莎百货的情况比其他品牌都糟糕，他们被指控在厕纸上印的图案是对宗教的极其不尊重。请愿平台发出了要求立即下架该产品的申诉书，在申诉书发出后的前六天就获得近5000个签名支持。社交媒体上出现了"抵制玛莎百货"的活动，全球的新闻报道都对其展开批评。然而，他们成功地抵制了道歉或撤回产品的诱惑。

玛莎百货在推特上发表声明："芦荟厕纸我们已经销售超过五年了，上面的图案肯定是芦荟叶，我们已经调查并与供应商确认了这一点。"

感受一下声明中令人陶醉的直言不讳的表述。声明表现的从容不迫，对批评无动于衷，态度非常明确，你几乎可以感受到新闻发言人在写声明时的愤怒。毫不理会情感伤害，没有"如果你觉得被冒犯我们非常抱歉"的说辞，也没有"非常关心…"的说法，只是陈述事实而已，"这是芦荟叶，不要继续纠缠"。

他们这个声明不只发过一次，他们用这个声明一字不改地回应了至少7个不同的推特账户对他们的批评，这也非常重要。社交媒体管理者的常见做法是将一份被认可的声明中的措辞"打乱",以掩盖这是一份提前准备好的声明模板,美联航就是这样做的。不过,玛莎百货甚至都懒得这么做。

当然,他们为什么要给自己制造麻烦呢?对芦荟厕纸提出质疑的人不值得紧张。他们可能真的相信玛莎百货故意制造亵渎性的卫生纸,但那又怎样呢?人们相信很多东西,这并不意味着现实与信仰冲突时,他们应该得到道歉。媒体知道玛莎百货不是故意出售这种卫生纸来激怒大家,玛莎百货知道媒体了解这一点。然而,由于病毒式新闻媒体渴望人们阅读他们的故事,会过分突出一个古怪的阴谋论,这只是他们要写的东西。

人们相信很多东西,这并不意味着现实与信仰冲突时,他们应该得到道歉。

二、重新定义"沟通危机"

在这里,玛莎百货证明了两件事:媒体报道和社交媒体批评不一定代表声誉危机;回应批评不意味着要道歉。只要处理得当,即便是涉及宗教等敏感话题,草率的批评对名誉的损害也是有限的。

了解社交媒体受众和现实客户之间区别的沟通团队比不了解的沟通团队有着明显的优势。社交媒体并不是真实生活,它赋予那些对品牌声誉没有影响的人不相称的信誉和权威。研究表明,自动程序和自动账户能够快速简单地放大煽动性的内容和愤怒,这些社交媒体小人物,有些时候是字面上的小人物,会促使企业冲动地做出不必要的道歉,让企业难堪。会对品牌造成声誉风险的平台是专门为奖励愤怒设

第二十二章 • 不要把善良错当软弱：为什么英国"最友善的"品牌拒绝道歉

计的，但很少品牌像玛莎百货那样做。社交媒体批评是非常重要的。

另一方面，负面的媒体关注需要企业做出危机响应。当然，负面的媒体关注并不理想，但也不是很多品牌认为的灾难。以蛋白质世界为例。媒体对"准备好的海滩身体"活动大规模的报道让他们获得了更多的顾客。公众对大众媒体的信任度虽然有所改善，但仍然很低。盖洛普（Gallup）估计，不到一半的美国人对媒体要么"相当"信任，要么"比较"信任。

关键的问题是，病毒式新闻媒体会报道几乎所有品牌可能会做出道歉的情况，这是愤怒经济的关键驱动力。企业应该认识到自己有干预舆论的能力，如果没有过错，他们可以不道歉。

玛莎百货有一个行为准则，当出现问题时，他们会道歉，他们为明显过错道歉的行为证明了这一点。但他们会把握分寸，知道什么情况不需要道歉，这改变了他们对批评的响应策略。对细枝末节问题的批评，只有在企业无法应对时才会演变为危机。

无论是因为厕纸还是橱窗展示，以任何有意义的标准来衡量，玛莎百货都没有因不道歉而陷入困境。社交媒体对品牌的态度是积极的；两个事件都未对玛莎百货的股价造成不良影响，事实上，股价两次都上涨了，尽管这可能与圣诞节有关，而不是因为市场关心社交媒体账户的评论。顾客仍选择在玛莎百货购物。

拒绝道歉往往是阻止声誉危机发生的最快和最有效的办法，这是一个被忽视的事实。说对不起是有代价的，企业需要避免不必要的成本投入，如果做不到拒绝道歉就要做更多的工作。而这些工作，或者更具体地说是做这些工作的人，往往会因企业寻求公众对道歉的认可

> 对细枝末节问题的批评，只有在机构无法应对时才会演变为危机。

而受到被忽视的连带伤害，星巴克告诉了我们这样做的后果。其他品牌可以从中吸取教训。理论上，说对不起意味着接受指责，接受指责意味着企业中的一些人需要承担责任。焦虑、准备不足的企业往往很愿意让员工为道歉付出代价。

墨西哥风味快餐连锁店（Chipotle）明尼苏达州（Minnesota）圣保罗（St Paul）分店的一名柜台职员为此付出了代价。这名工作人员和同事被拍到拒绝为他们认为曾经逃单、吃"霸王餐"的顾客提供服务。当视频被发布，墨西哥风味快餐店管理层做的第一件事就是道歉，随后，他们解雇了一位涉事的服务员。不久之后，发现这名员工的怀疑是正确的，被怀疑的顾客在社交媒体上吹嘘了自己的骗局，墨西哥风味快餐店管理层重新聘用了这名员工，并再次向被当成替罪羊的员工发表道歉声明，因为社交媒体要求他们这样做。

三、玛莎百货的经验

玛莎百货拥有非常独特的沟通方式。他们不会胡扯，直面事实，没有留下被他人故意曲解的余地。在上述两个事例中，他们都冷静地拒绝批评，没有泛泛而谈，没有犯很多企业道歉常见的非强迫性错误。很少有企业能够为应对批评设定条件。很多人告诉玛莎百货他们陷入了一场公关噩梦，但玛莎百货并不认同，他们并没有因此而惊慌失措。

这是因为玛莎百货的服装与本杰里和巴塔哥尼亚的相似。虽然并不完美，但是他们的持续发展倡议、供应链体系和一直被给予高度评

第二十二章 · 不要把善良错当软弱：为什么英国"最友善的"品牌拒绝道歉

价的薪酬福利文化确实被社会认可，这消除了企业公开行为需要被公众认可的要求。

正如巴塔哥尼亚的亚历克斯·韦勒所说，那些把社会目标"转变为"营销策略的企业，并没有与玛莎百货一样，能够坚定自己的立场。这些以营销为目标的品牌缺乏自信，希望得到公众的关爱，所以他们道歉很多，并将道歉的成本转嫁到员工身上。而玛莎百货立场坚定，知道自己做了什么、不代表什么，所以当受到批评时，他们不会被迫道歉。简而言之，他们需要有能力和足够的准备应对批评。

第二十三章
结论：如何开展危机公关并做出有意义的响应

| 不要许下信守不了的承诺 |

| 制订计划 |

| 第1步——决定是否道歉 |

| 第2步——决定你的抱歉程度 |

| 第3步——决定后续措施 |

| 记住别着急 |

| 关于要求道歉 |

道歉的行为正处于危机之中。当面对危机，企业会因焦虑被迷惑和困扰；对羞辱的恐惧使他们不敢直面失败，对诉讼的（莫须有的）恐惧使他们在最需要道歉的时候无法做出道歉，对社交媒体批评的恐惧迫使他们在不必要道歉的时候却选择道歉。这种企业集体的焦虑拉低了"对不起"的价值，并推高了危机沟通的成本。

如果有人说社交媒体引领了品牌真实性的新时代，这真是无稽之谈。社交媒体培养了我们尚未完全理解的消费者和媒体的沟通习惯，企业更难真诚地与消费者和媒体进行沟通，特别是在最需要真诚和真实的危机期间。

特别感谢那些曾经犯过错误的企业（以及少数做出正确决策的企业），这本书介绍了企业如何在危机中不进行沟通。但是，识别企业的失败案例只完成了一半的工作。其他行业可以从这些失败案例中吸取什么教训，学到如何向客户表达出有价值的歉意呢？企业如何做才能既不让道歉者蒙羞，又能做出有责任感、带着敬意的道歉并提供赔偿呢？这是我们从这本书中学到的。

企业集体的焦虑拉低了"对不起"的价值，并推高了危机沟通的成本。

一、不要许下信守不了的承诺

事实证明，企业规定了企业价值观、社会价值观和文化价值观，不管他们在日常运营中是否秉承了这样的价值观，这些都是对他们未来道歉频率和真诚度进行评价的有力指标。这些规定的价值观，像谷歌"不做恶徒"的行为准则，无论是通过广告、营销活动或宣传活动

第二十三章 • 结论：如何开展危机公关并做出有意义的响应

明示还是暗示，往往会使公众对企业的运营行为产生不切实际的期望。

企业完全没有必要负担这么重。企业，尤其是消费品牌，为了追求不切实际的行为标准，让自己做了很多不必要的道歉。企业会倡导"世界团结"（百事可乐公司），或"提高女性自尊，帮助她们发挥全部潜力"（多芬），或在行为准则中简单要求"不做恶徒"（谷歌），让消费者勇于直面自己的缺点。正如我们探讨的，企业有社会责任感是好事，但如果只是作为营销噱头的话就并非如此了，社会责任感是需要以企业真实、无懈可击的承诺作为支持的。

巴塔哥尼亚、本杰里和玛莎百货是将社会目标融入商业模式的三个品牌。值得注意的是，他们很少公开道歉，并且能够理性地容忍和回应批评。他们相信自己有能力做正确的事情，不会过度为微不足道的小事道歉。

将追求崇高的目标或使命作为营销手段就意味着，当品牌像一般的大型企业一样，在流行（或不流行）的报纸上做广告、向特定人群推销产品，相比之下，就会看起来很糟糕。当消费者不可避免地沉迷于"商业"行为中，相称原则是企业帮助消费者管理期望和减少失望的关键。这并不意味着企业在追求利润的同时要放弃创新或刺激，只是说企业在迎合消费者需求和被视为"好"的过程中，不要对自己的道德标准做过分承诺。

诚实、现实、将社会目标（或者你想要的定位的目标）融入日常运营中（社会目标显然不是做恶徒），并为此设定切实的期望是更好的企业营销方式。

像玛莎百货这样"提供简单的金融产品"或"恢复服装和时尚的

价值和风格"有什么错呢？消费者完全理解企业需要销售量和创造利润。承认这一尴尬的事实，或者至少不隐瞒，是管理期望的第一步。

二、制订计划

根据 2014 年埃米特里克的一项研究，美国航空公司是，或者至少是世界上道歉最多的航空公司。2014 年 1 月至 4 月，他们通过社交媒体发布了 23353 次公开道歉，平均每天道歉大约 200 次。他们的官方发言人当时解释说，无论是美国航空公司，还是 2012 年与他们合并的全美航空公司（US Airways），都没有"规定何时道歉的既定协议"。同时，"这些品牌确实把顾客的推特当作是来电一样对待"。没有应对批评的计划意味着，即使你在背后祈祷，道歉也是你唯一的选择。

大多数企业会为可预见的严重问题制订危机沟通计划。但是，如果事情不算严重，但人们又对此感到不安时，企业如何应对数量庞大、但并不激烈的批评呢？批评并不是危机，如果你只有应对危机的措施，那么即使是很小的事情也会感觉像危机一样。除了仅有的几个例外，没有企业愿意一直淹没在负面评价中，或者陷入不可控的声誉困境。

没有应对批评的计划意味着道歉是你唯一的选择。

没有规划就会做出草率、考虑不周的决策。企业一味要求抵御批评的浪潮，却不考虑他们为什么会受到批评，以及批评是否合理。

当社交媒体批评纸追在《每日邮报》上开展宣传活动时，纸追在没有计划的情况下，将危机响应交给了社交媒体。《每日邮报》称，有不超过 150 条推文和 250 条脸书评论与批评有关，纸追"被迫"放弃与《每日邮报》未来的合作。也许纸追受到"焦点效应"认知偏差的影响,过高估计了人们的关注度,或者他们只是惊慌失措。美联航在"重新安置"事件中,需要处理120万条推特消息和13.5万条脸书评论,这才是真正的危机。如果美联航像纸追那样询问推特用户是否应该道歉,那结果很可能是需要做出道歉。

道歉响应计划不需要很复杂。事实上,你只需要问自己三个问题:我们有错吗?如果有,我们需要如何道歉?我们该如何纠正错误呢?

三、第1步——决定是否道歉

如果你明显有过错,回答这个问题并不难,大多数企业都知道自己什么时候搞砸了。当过错不明显的时候,回答这个问题就需要企业诚实地自我反省了。这种自我反省必须考虑到企业内部的规章制度,并探讨企业行为是否符合或违背企业的既定目标。也许公众对企业的批评是合理的,20年前正确的事情放到现在可能就不正确了。也许被批评的企业需要学会倾听,企业和行业对预期行为的评价标准必然不同,这很重要。也许你的行业已摆脱了落伍的沟通规范,也许还没有。蛋白质世界可以在营销中采用健壮、皮肤黝黑的泳装模特,而思慕雪可能就不行。

如果你没有过错,就有很多选择,但都与道歉无关,这不仅仅是措辞问题,在没有过错的时候就绝对不能说对不起。还记得2018年的一项研究证明,如果没有过错却做出道歉会给企业造成财务损失吗?

因此,你能做什么呢?你可以澄清自己的立场,阻止批评蔓延,

如何不说对不起。

就像玛莎百货被指控出售亵渎性卫生纸时所做的那样，也可以参考英国慈善机构喜剧救济基金会（Comic Relief）在应对批评时选择不道歉的案例。2019年3月，大卫·拉米议员（David Lammy MP）指责慈善机构扭曲了对非洲国家的想象。这是一个公正的批评，但这并不意味着喜剧救济基金会欠他或任何人一个道歉。基金会的看法则不同，他们回应称不会为做慈善制作的有关非洲国家的纪录片道歉。

通过这个案例可以获得的经验是，如果要对自己的言行做出澄清，就要态度明确，不要暗示悔悟，也不要先澄清你没有过错，随后就为可能的冒犯道歉（你没有过错）。你可以表现的宽宏大量，就像本杰里那样，但是又不感到抱歉。"感谢您的意见，我们会考虑您的观点，但我们仍然坚持自己的决定、广告、定价政策……"或者你也可以什么也不做，什么都不说有很多好处。

什么也不说绝对比试图安抚批评者更为可取，尤其是在没有改变营销方式计划的时候。如果企业没有过错，却表现得像有过错一样，那么这样的行为会成为企业危机沟通的失败案例，既增加了成本投入又让企业蒙羞。

2007年，捷蓝航空为我们提供了道歉的模板。十年后，他们对"我们有错吗？"这个问题做出了模板式的回应。2017年7月，航空公司因拒绝向五口之家道歉而成为头条新闻，这个五口之家因对机组人员和其他乘客的挑衅和威胁行为被带离飞机。如果捷蓝航空像其他许多航空公司那样只是简单地做出道歉，那是很容易的事情，但是他们非常正直地选择支持员工的行为。捷蓝航空的一位发言人告诉《每日邮

第二十三章 · 结论：如何开展危机公关并做出有意义的响应

报》，他们正在考虑禁止这家人乘坐飞机。"我们正在调查是否需要限制这些乘客乘坐捷蓝航空的飞机，非常感谢机组人员对这起不幸事件的专业处理方式。"

捷蓝航空的处理方式很勇敢。这家人中的母亲拍下了机组人员将他们带离机舱的画面，视频最后在社交媒体上播出。正如当时航空贸易出版物《航空周刊》（*Airline Weekly*）的塞斯·卡普兰（Seth Kaplan）在哥伦比亚广播公司（CBS）新闻中指出的："社交媒体改变了公众与企业之间互动的方式。你知道的，航空公司似乎总是在道歉。"事实证明，捷蓝航空是个例外。卡普兰补充道："你知道吗？顾客并不总是对的。"

四、第 2 步——决定你的抱歉程度

一旦决定承担责任，就需要决定你需要表现得多歉疚，这并不像听起来那么容易。悔恨是一种光谱，爱彼迎证明了这点，他们声称破坏假日出租房的"悲剧"导致运营"瘫痪"，这样的说法古怪而且过分，过分夸张的企业赔罪让道歉失去了必要的可信度。当他们处理更严重的问题时，就没有适合的语言了。比例感和语言朴实的承诺是无价的；不必夸张，不需要委婉语气，也不需要被动语态。

第三个问题至关重要："我们应该如何纠正错误？"这是改进的第一步。

五、第3步——决定后续措施

第一项措施也是最明显的措施就是说对不起。不要道歉或表示遗憾;就是说对不起。这本书中介绍了很多危机中企业如何不说对不起的事例。但是你应该怎么做呢?最好和最有意义的道歉有一个共同点,就是用简洁、清晰和浅显易懂的语言。

道歉声明尽量简短一些。明确你为什么道歉,向谁道歉。以受害者为中心,讲述他们的经历。承认错误和事件造成的影响。不要含糊其词或偏离主题,不要使用被动语态,要避免描述自己的优点或其他试图减轻过失的因素。就像本杰明·富兰克林(Benjamin Franklin)说的:"永远不要让道歉被借口破坏。"简单点,通俗易懂的语言是必不可少的;简短的语句,没有花哨的语法结构,措辞中绝对不要出现"如果""但是"或者"也许"。

问题的严重程度决定了你选择的措辞。如果事情没有很严重,就不要说"非常抱歉",到真正需要的时候再说。而且,因为你非常清楚出现的问题以及带来的影响,所以不需要夸大其词,人们会理解你的意思。

考虑一下道歉传递的方式。有时候需要公开道歉,有时候可以私下进行。有些道歉需要有一定的影响力,有些则不需要。微笑不要太多。研究表明,微笑会破坏公众对道歉者的看法,可能导致投资者对道歉者失去信任。

接下来介绍的是道歉最重要的环节。消费者可以通过你的行为判断你的抱歉程度。2014年点火器丑闻之后,通用汽车在首席执行官巴

第二十三章 · 结论：如何开展危机公关并做出有意义的响应

拉的领导下，开始转变企业文化，别的不说，这意味着客户至少知道公司正在努力改进。强生公司也是如此。这些事例是"纠正错误"的最佳研究案例。

消费者可以通过你的行为判断你的抱歉程度。

如果你打开乙酰氨基酚瓶上的金属箔封口时有些费劲，你应该感谢詹姆斯·伯克（James Burke）和强生公司（以及他们纠正错误的承诺）给你带来的些许不便。这种包装虽然有些麻烦，但或许可以挽救生命。1982年，在芝加哥，7人在服用过量氰化物泰诺胶囊后死亡。众所周知，泰诺谋杀案造成美国第一次大规模非汽车产品召回。在时任强生公司首席执行官詹姆斯·伯克的协调下，公司的响应措施成为当代危机管理的模板。那场危机给文化和商业造成非常大的影响，它在美国引起了大范围的恐慌，模仿者篡改事件持续了好几年。2018年，芝加哥杂志推测，这可能是美国最严重的一次国内恐怖事件。

詹姆斯·伯克从调查人员那里了解到相关信息，将第一起死亡事件与泰诺联系起来后，他做的第一件事就是安排在全国范围内召回目前在售的所有可能受影响的3100万瓶药品。当时，没有证据表明在大芝加哥地区以外的任何地方发现了被污染的胶囊，但伯克没有冒险。让强生公司的律师们感到震惊的是，伯克做的第二件事是单独与美国各大网络的新闻主管会面。

他在现场观众面前回答问题，尽管不知道公司在法律上应该承担的责任，但还是告诉国人要扔掉家中的泰诺胶囊。伯克向任何能够生产泰诺胶囊包装的人免费提供泰诺药物的替代品，不能再采用可以被篡改的胶囊药丸形式，此次兑换不需要商家提供任何收据凭证。

> 危机公关

联邦调查局（FBI）调查中毒事件期间，强生公司忙着制订防止今后产品再被动手脚的稳妥计划。防篡改包装是一项必要的改革，强生公司用了不到两个月时间就提出了这项改革。伯克为此上电视做了演示宣传。他并没有过分宣传，他认为新的防篡改包装是"合理可行的最佳防护设计"。在电视演示中，伯克展示了打开新包装需要经过的三重内封。当打开外面的塑料封条，拧开盖子露出防护铝箔封条时，观众开始鼓掌。调查人员最终证实，这些胶囊药品在运离强生公司工厂后被动了手脚，强生公司不需要为此承担责任。

詹姆斯·伯克将泰诺危机期间的稳定管理归功于1887年撰写的一份文件。强生公司在成立之初就制订了企业信条，当时并没有意识到他们开创了现代危机沟通计划的模板。伯克在接受《持久领导力：当代25位商界领袖的经验》一书的采访时回忆了这个信条如何概述了公司的责任义务和他们服务的优先顺序，服务的优先顺序依次为：客户、员工、社会、股东。伯克认为，如果没有这个信条，他不可能说服强生公司召回3100万瓶泰诺，这必然会造成1亿美元的资金投入。

事实上，伯克也从来没有说过"对不起"，他也不需要这样做，他为保护和补偿顾客所采取的果断行动意味着他不应该道歉。生产毒药是犯罪行为，泰诺被当作了武器。2003年，伯克因承诺"良心"经营而被授予总统自由勋章。伯克在一部纪录片中说过："我获得了很多荣誉，但事实是我的工作非常简单。我只是依照规章行事，并没有别的选择。"

六、记住别着急

捷蓝航空在2007年做出的模板式道歉和泰诺危机应对措施的成功很大程度归功于他们花时间思考了适合的处理方法，然后付诸行动。时间也是现代企业无法效仿这些成功案例的原因。捕捉新闻时机的能力决定了社交媒体和病毒式新闻的生死，需要他们非常敏感并快速做出响应。愤怒资本主义痛恨道歉真空，所以企业急于做一些事情，甚至可以为平息批评做任何事。这必然要说对不起。

捷蓝航空制订了重塑消费者信任的计划，并认真执行。他们在优兔网上发布的著名的道歉声明发生在运营危机开始的五天之后。而泰诺花了几个月才做出充分的危机响应。在当今的按需悔罪经济中，这是一辈子的事。捷蓝航空并没有急于道歉是因为他们不需要这么做。泰诺没有急于做出响应是因为生命依赖于药品而不是仓促做出的响应。

如今，如果与危机事件关系密切的企业不及时做出回应时，人们会觉得很反常，但企业确实应该不惜一切代价抵制道歉的诱惑。这并不是建议企业忽视批评或者拖着不做，而是需要他们花适当的时间反思、做计划和实施适当的应对措施。消极冲动的道歉是不真诚的，企业的危机沟通策略不能让消费者对企业的内部政策和标准产生反感情绪。一旦企业由于恐慌仓促做出承诺，消费者必然会对他们做出的承诺提出更高的要求。如果你需要进一步证明"延缓危机管理"的好处，想想2005年一项名为"迟比早好：时机对道歉有效性的影响（Better Late Than Early: The influence of timing on apology effectiveness）"的研究结论。

这项发表在《实验社会心理学》杂志上的研究发现，事实上，时间的流逝会增强道歉的影响，研究结果表明，相较于早做出的道歉，迟来的道歉更容易让被道歉者满意。"下意识"做出的道歉失败的可能性更高。研究还表明，实际上，道歉有一个最佳时机。当道歉者经过一段时间的反思，但没有间隔太久，人们没有感到被遗忘，这时候的道歉效果是最好的。

为了了解不做条件反射性的道歉、留点思考时间的价值，想象一下，如果一个高调的人，也许是一个不够机敏、缺少手腕、以拒绝道歉著称的人，有一天决定破例，那会是什么样的感觉。

很多人认为特朗普总统应该向他们道歉。想象一下，在他的下一次记者招待会上，或者下一次采访中，他说："事实上，我一直在想我对希拉里·克林顿说的话，我认为我应该向她道歉。我说错话了，我承诺今后会经过深思熟虑后再发表言论。"人们肯定会感到头大，人们会质疑他的动机，人们想知道谁绑架了真正的特朗普。当然，我们会发现，就像2010年对道歉"预测错误"的一项研究表明，他道歉的想法远比现实更令人满意。但肯定会引起人们的注意。

选择合适的时机反省、计划并做出适当的反应。

七、关于要求道歉

这本书中，我们对公关人员提出批评，庆祝他们的失败，但我们确实同情他们。我们研究了各种境外品牌和企业沟通的不良习惯，但也有另一项发现。公关人员往往是大多数消费者发泄愤怒的出气筒。

第二十三章 · 结论：如何开展危机公关并做出有意义的响应

2019年4月，推特用户注意到嘉士伯（Carlsberg）官方推特账户开展的一些奇怪活动，品牌对自己的产品做出了负面的宣传。消费者认为这是一个错误，许多人猜测这要么是不称职员工的工作失误，要么是对公司不满的员工的杰作。其实都不是，这只是一场营销活动的一部分。几周后，嘉士伯宣布将改变其啤酒的配方。这场活动的特点是让嘉士伯的员工阅读针对品牌的刻薄推文，而这些不讨喜的，甚至很糟糕的推文是营销活动的序幕。这种奇怪的方式既有趣也很辛酸。从什么时候开始品牌和企业倾向于做消费者通常会照单全收的广告了？

公众对于企业社交媒体账户的愤怒并没有消失。有些人需要关注这些信息。很多情况下，"社会倾听"和情绪分析工具会捕捉到这些信息，并向管理团队反馈公众对企业的认知。梳理这些气愤、愤怒和厌恶是一些人的日常工作，而梳理得越多，要回答的问题就越多。

每个企业的社交媒体账户背后都有一个人，一个真实的人。与那些对他们大喊大叫的人一样，他们也有爱好、有朋友、有焦虑、有职业抱负、有担心和其他许多东西。如果你的工作内容包括挨骂，那么公司的标志和蓝色的检验标记都不能成为阻止挨骂的挡箭牌。

这些极其愤怒、要求"把经理叫来"的推特用户真的相信，他们是在与某位能够约束全球最大比萨销售商英国分公司的首席财务官对话吗？或者他们只是表现得非常愤怒，需要找出口发泄。不管怎样，首席财务官并没有从中吸取教训。与他们对话的很可能是他从未见过的人。

这本书是为公关人员编写的，但公关人员也都是消费者。这本书的目标消费者，和其他人一样，可能更愤怒、更严厉，请记住，处理消费者愤怒评论的人往往是最不应该出现在那里的人。回应客户投诉、一天做一百次道歉或努力处理积压的愤怒评论的人,很少是制订政策、签署广告或设计投诉涉及产品的人。

  如果没有消费者的愤怒情绪,没有为特定目标放大和聚焦愤怒情绪的工具,本书中介绍的很多最糟糕的道歉都不会发生。因此,在过度沉溺于消费者装腔作势的愤怒中之前,如果每个人,所有人,包括消费者,病毒式新闻媒体,社交媒体公司和沟通行业,都能记住每个企业道歉的背后都是一个人,或一个团队,他们在努力做好自己的工作,那就太好了。

黑版贸登字08-2021-010号

图书在版编目（CIP）数据

危机公关 / (英)卡里·库珀(Cary Cooper)，(英)肖恩·奥米拉(Sean O'Meara) 著；张媛媛译 . — 哈尔滨：哈尔滨出版社，2021.7
ISBN 978-7-5484-5992-7

Ⅰ. ①危… Ⅱ. ①卡… ②肖… ③张… Ⅲ. ①突发事件 – 公共管理 Ⅳ. ①D035

中国版本图书馆CIP数据核字(2021)第076818号

© Sean O'Meara, Cary Cooper, 2020
This translation of The Apology Impulse is published by arrangement with Kogan Page.
项目合作：锐拓传媒copyrigth@rightol.com

书　　名	危机公关
	WEIJI GONGGUAN

作　　者	[英]卡里·库珀　[英]肖恩·奥米拉 著　张媛媛 译
责任编辑	杨泹新
责任审校	李　战
封面设计	扁　舟

出版发行	哈尔滨出版社（Harbin Publishing House）
社　　址	哈尔滨市香坊区泰山路82-9号　邮编：150090
经　　销	全国新华书店
印　　刷	北京众意鑫成科技有限公司
网　　址	www.hrbcbs.com　www.mifengniao.com
E-mail	hrbcbs@yeah.net

编辑版权热线：（0451）87900271　87900272

开　本	787mm×1092mm　1/16	印张：18.25	字数：165千字
版　次	2021年7月第1版
印　次	2021年8月第1次印刷
书　号	ISBN 978-7-5484-5992-7
定　价	48.00元

凡购本社图书发现印装错误，请与本社印制部联系调换。
服务热线：（0451）87900279